JN170169

エスニックつくりおき

エダジュン

Stock Recipe of Ethnic Food

Introduction

はじめに

僕はエスニック料理が大好きです。
口がヒーヒーとする辛さ、やさしいハーブの味、奥深いスパイスの風味、クセになるナンプラーなど、独特な味わいが魅力だと思っています。もともと好奇心旺盛なタイプなので、いろいろな国の料理を食べてきましたが、エスニック料理を食べるといつも元気をもらいます。それは、アジアの活気が料理に反映されている気がするからかもしれません。

専門店で食べる印象が強いエスニック料理ですが、実は食材や調味料が揃えば、つくるのはそう難しくはありません。ナンプラーがあるだけで、料理の幅は大きく広がります。つくりおきしておけば、忙しい日常の中でも手軽に野菜を取り入れることができます。お弁当のおかずや、おつまみとしてもおすすめです。

本書のレシピは、タイ、ベトナム、シンガポール、インドネシア、韓国、台湾、中国、インドを中心に、それらの地域でよく食べられている食材、使われている調味料などのアジアのエッセンスを活かして、家庭で気軽に楽しめることを念頭に考えてあります。中には、和食をアジア風にアレンジした「和ジアン」レシピもあり、エスニック料理をもっと身近に感じていただけたらと思っています。

本をパラパラめくるたび「これをつくってみたい！」とワクワクしていただけたら、小躍りするほどうれしい限りです。

エダジュン

Essence of Ethnic

エスニックの素 12

「6大調味料・スパイス」

ナンプラー

タイで使用されている魚醤。日本における「しょうゆ」。炒め物、つけ汁などいろいろな料理で活躍する。メーカーによって塩分や風味が違うため、料理の途中で味をみながら、加減してください。

ヌクマム

ベトナムで使用されている魚醤。ナンプラーと製造方法はほぼ変わらないが、より香り高く、塩味がやわらかい。ヌクマムもメーカーによって塩分や風味が異なるため、味をみながら加減が必要。ナンプラーで代用可。

オイスターソース

タイや中華料理に使用される、牡蠣のエキスたっぷりの調味料。コクと旨味が豊富なため、料理の下味をつけたり、味に深みを出したいときに使う。

スイートチリソース

タイやベトナムで使われる、甘味と酸味と辛さが特徴のチリソース。揚げ物のつけだれ、炒め物のアクセント、マリネのコク出しに使う。メーカーによって辛さが違うので加減が必要。

コチュジャン

韓国料理に使用される辛いみそ。豊かなコクと深みのある辛さが特徴。肉料理や煮込み料理の味付けなど、幅広い料理に活用できる。日本のみそと発酵調味料同士、相性がいい。

クミンシード

インド料理で使用されるスパイス。力強い香りで、存在感がある。炒め物や煮込み料理はもちろん、肉の臭み消しとしても使える。料理にひとかけすれば、一気にエスニック風な味わいになるため、料理初心者にも使いやすい。

「3大ハーブ」

パクチー

英語でコリアンダー、中国語でシャンツァイ。アジア各国で広く使われるハーブ。どんな食材でも代用がきかない独特の香り、クセになる味わい、やみつきになる爽快さが特徴。和・洋・中・エスニックなど、どんな料理とも相性がよい。

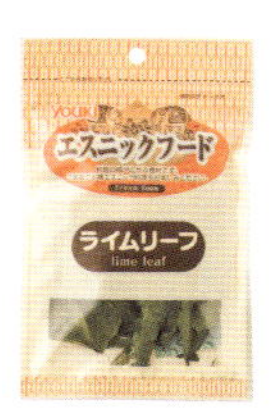

こぶみかんの葉

英語でライムリーフ、タイ語でバイマックルー。柑橘系のライムのような香りが特徴。スープの香り、マリネの風味付け、お肉に混ぜればさっぱり感を演出と大活躍。料理のバリエーションを豊富にしてくれる。本書では乾燥した葉を使用。

レモングラス

レモンのような香りのハーブ。細長い緑色の葉の部分はハーブティーなどに使われる。料理に使用する場合は、根元のふっくらした部分をみじん切りにしてマリネに使ったり、たたき潰してスープに入れる。生食も可。

「3大ペースト」

グリーンカレーペースト

青とうがらしの辛さに、パクチー、レモングラス、こぶみかんの葉などのハーブを合わせた、爽やかだが刺激的なペースト。ココナッツミルクやナンプラーと相性がよい。

レッドカレーペースト

赤とうがらしの辛さを活かしたペースト。グリーンカレーペーストと比べて、少し辛さが抑えめで、深い味わいが特徴。メーカーによっては刺激的なほど辛い場合も。カレーにはもちろん、ソースにして合わせても便利。

トムヤムクンペースト

酸味と辛味とハーブの風味が特徴のペースト。スープに入れて食べることが多いが、炒め物や肉の味付けに使えば、手軽にエスニックな味わいを楽しめる。レシピのレパートリーを増やす調味料として役立つ。

Tips

つくりおきのコツ

1 保存容器は清潔なものを使う

保存容器は使用する前に、フタと容器の全体が入る鍋にお湯を沸かして入れ、沸騰したら５分ほど煮沸する。取り出し後、水気がなくなるまで完全に乾燥させてから使ってください。耐熱性でないものは、消毒用のアルコールをかけて、清潔なキッチンペーパーなどでふきましょう。

2 冷ましてから保存する

しっかりと冷ましてから、フタをして保存しましょう。温かいまま保存すると、容器やフタに水滴がつき、食材のいたみの原因となります。

3 清潔なスプーンや箸でとりわける

汚れたスプーンや箸で触れると、食材が早くいたむ原因になります。混ぜたり、とりわけたりする際は清潔なものを使いましょう。

煮沸

乾燥

4 煮汁やつけ汁は一緒に漬け込む

汁気のあるものは一緒に漬け込むことで味がよく染みます。1日1回おかずの上下を入れ替えることで、汁に浸かっていないところにも均一に味が染み込みます。酢のきいたおかずはしっかり浸かるように保存することが日持ちのポイントです。

5 つくりおきは濃いめの味付けに

調味料（しょうゆ、酢、塩など）には雑菌の繁殖を抑える効果があります。本書のレシピではそれを考慮して、少し濃いめの味付けにしています。

6 保存中に水分が多くなったらその度に汁気を捨てる

余計な水分を捨てることが日持ちするポイントです。つくって2日ほど保存すると、水気が出てくるおかずもあります。つくりたてよりも水気が目に見えて多くなった場合は水きりをしましょう。また、その際に味を確認して薄く感じるようなら、調味料を追加して味を調整しましょう。

とりわけ

水きり

Contents

もくじ

パクチーのおかず

CHAPTER 06

たまごのおかず

ソース&ディップ

本書の使い方

・小さじ１は５ml、大さじは15mlです。
・バターは無塩バターを使用しています。
・オリーブオイルはエキストラバージンオリーブオイルを使用しています。
・ピーナッツバターは無糖タイプを使っています。
・赤とうがらしは乾燥タイプを使っています。
・少量の調味料の分量は「少々」としています。親指と人差し指でつまんだ量です。
・適量はちょうどよい分量を、お好みで加減してください。
・この本ではオーブンレンジを使用しています。機種やメーカーによって、温度、加熱時間が変わりますので、表記の時間は目安にして、様子をみながら調整してください。
・フライパンはフッ素樹脂加工のものを使用しています。
・保存容器は必ず清潔なものをお使いください。
・調理時間あくまで目安です。
・食材は新鮮なものを使いましょう。
・冷蔵庫の性能や保存環境で保存状態は異なります。保存期間はあくまで目安と考え、早めに食べきりましょう。

CHAPTER 01
Basic
王道のおかず

ガパオ弁当

ガパオをつくりおきしておけば、
忙しい朝でも5分でお弁当が完成。
ごはんに鶏肉の旨味が染み込んで、
それがまた美味しいのです。

16p
ガパオ

トムヤムからあげのっけ弁当

からあげのスパイシーさと
やさしい味の野菜で食べ応えあり。
ごはんにつくりおきおかずをのせるだけで
立派なお弁当のできあがり。

カオマンガイプレート

バランスよくのせるだけで、
豪華なランチプレートに。
あっという間にできるのに
本格エスニックで大満足。

83p
キャベツの
オリエンタル炒め

76p
切り干し大根の
トムヤム炒め

95p
冷やしプチトマト
マリネ

81p
ディルの
コールスロー

23p
カオマンガイ

グリーンカレー弁当

カレーのつくりおきで
外でも手軽にエスニック。
カラフルで彩りのよい野菜と、
大きめの具材を楽しんでください。

17p
グリーンカレー

73p
ブロッコリーの
ナンプラーバター

95p
冷やしプチ
トマトマリネ

122p
カレーたまごマリネ

84p
焼きパプリカの
クミンマリネ

ガパオ

15min　冷蔵庫で 5~6日間

タイ料理の代表的メニューは
大きめのゴロゴロ具材がポイント

材料（４人分）

鶏もも肉	400g
バジル（葉）	10枚
玉ねぎ	１／２個（100g）
赤パプリカ	１個（150g）
にんにく	１片（６g）
赤とうがらし	１本
こぶみかんの葉	８枚
A ナンプラー	大さじ１と1／２
A オイスターソース	大さじ１と1／２
A 上白糖	小さじ１
オリーブオイル	小さじ２

1. 鶏肉、玉ねぎ、赤パプリカは1.5cm角に切る。バジルは手で５等分を目安にちぎる。にんにくはみじん切りにする。赤とうがらしはタネごと輪切りにする。こぶみかんの葉は手でバリバリと砕く。
2. フライパンにオリーブオイルをひき、弱火でにんにくと赤とうがらしを炒め、香りがたってきたら、玉ねぎを中火で炒める。玉ねぎがしんなりとしてきたら、こぶみかんの葉、鶏肉を入れて表面に焼き色がつくまで炒める。
3. 2に赤パプリカとAを入れて、汁気がなくなるまで炒めて、火を止めてからバジルを入れる。

赤パプリカは最後に炒めることで、保存をしてもしっかりと食感が残ります。辛いのが苦手な方は、赤とうがらしのタネを取りのぞいてください。お好みでナッツなどを入れても食感が加わって美味しくいただけます。

グリーンカレー

30min　冷蔵庫で3〜4日間

スパイシーな辛さが
クセになるタイ料理の王道

材料（つくりやすい量）

鶏もも肉	300g
たけのこ（水煮）	100g
ズッキーニ	１本（200g）
赤パプリカ	１個（150g）
しょうが	２片（12g）
ココナッツミルク	400ml
グリーンカレーペースト	50g
こぶみかんの葉	８枚
A 水	200ml
A ナンプラー	大さじ２
A きび砂糖	大さじ１
オリーブオイル	小さじ２

1 鶏肉は一口サイズに切る。たけのこは４cmの長さに薄切りにする。ズッキーニは２cm幅の輪切りにする。赤パプリカは３mm幅の薄切りにする。しょうがは薄切りにする。

2 鍋にオリーブオイルをひき、中火で鶏肉を焼き色がつくまで炒め、たけのこ、ズッキーニ、赤パプリカを入れてサッと炒める。

3 2にココナッツミルク、しょうが、こぶみかんの葉を入れ、沸騰寸前で弱火にかえて、グリーンカレーペーストを溶き入れる。

4 3にAを入れて５分ほど煮込む。

グリーンカレーは煮込みすぎると、ココナッツミルクの分離が進みます。軽く煮込む程度で大丈夫。保存して食べる際はルーが固まっている場合があるので、必ず温めてください。

ルーローハン

八角の風味が食欲をそそる
人気台湾風煮込み料理をごはんにのせて

材料（４人分）

	豚バラ塊肉	500g
	白ねぎ（青い部分）	１本分
A	水	400ml
A	しょうゆ	大さじ４
A	紹興酒（酒でも可）	大さじ４
A	三温糖（上白糖でも可）	大さじ３
A	オイスターソース	大さじ２
A	八角	２個
	ごま油	小さじ２

1 豚肉は２cm角に切る。

2 ホーロー鍋にごま油をひき、豚肉を入れ、中火で豚肉の表面にうっすらと焼き目がつくまで炒めたら、ねぎとAを入れ、沸騰寸前で弱火にし、アクが出てきたらアクを取り、フタをして40分ほど煮込む。

五香粉を小さじ1/2ほど入れて煮込むと、さらに香り高く美味しくいただけます。煮込みの最中に煮詰まるようであれば水を加えて調整してください。

ラープ

15min　冷蔵庫で3〜4日間

ミントとパクチーの爽快さが絶妙な
さっぱりタイ風ピリ辛そぼろ

材料（4人分）

豚ひき肉	300g
紫玉ねぎ	1/4個（50g）
小ねぎ	2本
パクチー	2株
こぶみかんの葉	8枚
A ピーナッツ	大さじ2
A スペアミント（葉）	15枚
A ライム汁	大さじ2
A ナンプラー	大さじ1と1/2
A 赤とうがらし（粉）	小さじ1/2

1 紫玉ねぎはみじん切りにして水で2分さらし、水気をきる。ねぎは小口切りにする。パクチーは1cm幅に切る。こぶみかんの葉は手でバリバリと砕く。ピーナッツは粗めに砕く。

2 フライパンを中火にかけ、豚肉、水大さじ2（分量外）、こぶみかんの葉を入れて、ヘラなどでほぐしながら、豚肉がそぼろ状になるまで炒める。

3 ボウルに1、2、Aを入れて、混ぜ合わせる。

お米大さじ2をフライパンできつね色になるまで弱火で煎り、フードプロセッサーなどで砕いたものを入れると、香りと食感が足されて美味しくいただけます。とうがらしはタイ産のプリッキーヌを使うとさらに本場の味に。

鶏もも肉のサテ

**ピーナッツバターの奥深い味わいで
満足感あり**

漬け込み時間は除く 25min　冷蔵庫で 4~5日間

材料（4人分）

	鶏もも肉	300g
A	ピーナッツバター	大さじ3
A	ココナッツミルク	大さじ3
A	しょうゆ	大さじ1/2
A	オイスターソース	大さじ1/2
A	ケチャップ	小さじ2
A	カレー粉	小さじ1

1 鶏肉は1.5cm角に切ってボウルに入れ、Aと一緒によく揉み込み、ラップをして冷蔵庫で1時間ほど漬け込む。

2 210℃に予熱したオーブンで1を20分ほど焼く。

つくりおきMemo

インドネシアなどで食べられるサテ。本来は串焼き料理を意味しますが、今回は串に刺さないでお手軽に。チリパウダー小さじ1を入れると、スパイシーな味わいになり、おつまみにおすすめです。

ガイヤーン風手羽先焼き

**ナンプラーとオイスターソースで
コクある味わいに**

漬け込み時間は除く 25min　冷蔵庫で 5~6日間

材料（10本分）

	手羽先	10本
A	レモン汁	大さじ3
A	ナンプラー	大さじ3
A	オイスターソース	大さじ1
A	しょうゆ	大さじ1
A	上白糖	大さじ1/2
A	にんにく	2片（12g）

1 にんにくはすりおろす。

2 手羽先は表面に6カ所ほどフォークで穴をあけ、ボウルに入れてAと一緒によく揉み、ラップをして冷蔵庫で1時間ほど漬ける。

3 220℃に予熱したオーブンで2を20分ほど焼く。

つくりおきMemo

一晩漬け込むと味がしっかりと染み込みさらに美味しくいただけます。つくりおきを食べる際は、トースターなどで温め直しましょう。

トムヤムからあげ

コクと酸味のある辛さで
お弁当にもおすすめ

材料（つくりやすい量）

鶏もも肉	500g
A トムヤムクンペースト	大さじ3
A ヨーグルト（無糖）	100g
A ココナッツミルク	50ml
A ナンプラー	大さじ1
A レモン汁	小さじ2
A にんにく	1片（6g）
A しょうが	1片（6g）
片栗粉	大さじ4
揚げ油	適量

1 鶏肉は一口サイズに切る。にんにく、しょうがはすりおろす。

2 ボウルに鶏肉とAを入れて揉み込み、ラップをして冷蔵庫で味が染み込むまで2時間ほど漬ける。漬け込み後、片栗粉を鶏肉の表面に薄くまぶす。

3 2を180℃の揚げ油できつね色になるまで4〜5分揚げ、キッチンペーパーをしいたバットにあげて余分な油をきる。

ココナッツミルクがない場合は、ヨーグルト大さじ3を追加してください。一晩漬け込むと味がしっかりと染み込み、さらに美味しくいただけます。

カオマンガイ

漬け込み時間は除く 30min　冷蔵庫で 6~7日間

旨味たっぷりの鶏肉を
ごはんにのせてチキンライスに

材料（４人分）

鶏もも肉	600g（約２枚）
白ねぎ	１本
A しょうが	２片（12g）
A にんにく	２片（12g）
A 塩	小さじ２
B 水	800ml
B 紹興酒（酒でも可）	大さじ４
B ナンプラー	大さじ１と１/２
ごま油	大さじ１

1 ねぎは小口切りにする。しょうが、にんにくはすりおろす。

2 鶏肉は表面をフォークなどで数カ所穴をあけ、チャック付き保存袋に鶏肉とAを入れてよく揉み込み、冷蔵庫で１時間ほど漬ける。

3 鍋にBと2を入れて中火にかけ、沸騰寸前に弱火にして、アクをすくいながら20分ほど煮る。

4 火を止め、3にねぎとごま油を入れてフタをして、余熱がとれるまでそのまま冷ます。

ねぎは青い部分も余すことなく１本丸ごと使いきりましょう。

イカのヤムウンセン

20min　冷蔵庫で3〜4日間

イカの食感をプラスした
タイ風はるさめサラダ

材料（4人分）

イカ	1杯
はるさめ（乾燥）	50g
紫玉ねぎ	1/4個（50g）
きゅうり	1本（100g）
セロリ	1本（100g）
A ナンプラー	大さじ2
A レモン汁	大さじ1
A 赤とうがらし	1本
A 粗挽き黒こしょう	少々

1 イカは足を抜いて軟骨を取りのぞいたら、わた、目、くちばしを取りのぞく。足は足先を切り落とし、吸盤を包丁でこそぎ落として食べやすいサイズに切る。胴はきれいに洗って皮をむき、1cm幅の輪切りにする。イカとはるさめはたっぷりのお湯で1〜2分ゆでて、ザルにあげ、しっかり水気をきる。

2 紫玉ねぎは薄切りにし、水で2分さらしたら水気をきる。きゅうりは千切りにする。セロリは2mm幅の斜め切りにする。

3 ボウルに1、2、Aを入れて混ぜ合わせる。

イカの代わりにエビやタコを使っても美味しくいただけます。

キャロットソムタム

**にんじんを甘辛いタレで
さっぱりとシンプルに**

材料（４人分）

にんじん	２本（400g）
干しエビ	大さじ２
赤とうがらし	２本
A レモン汁	大さじ２
A ナンプラー	大さじ１
A 上白糖	大さじ１
A スイートチリソース	小さじ２

1 にんじんは千切りにし、塩少々（分量外）を揉み込み、水気をきる。干しエビはぬるま湯で15分ほど戻し、みじん切りにする。赤とうがらしはタネを取りのぞき、輪切りにする。

2 ボウルにAを混ぜ合わせ、1を入れてさらに混ぜ合わせる。

辛いのが苦手な方は、赤とうがらしを抜いても。干しエビがない場合は、桜エビで代用可。

Column 1

『お弁当の思い出』

お弁当の思い出は数え切れないほどあります。

小学生の頃、土曜日のお昼に帰ってくると、お母さんがつくったお弁当がコタツの中で温められていました。当時はそのホカホカのお弁当を頬張ることが幸せでした。

中学生の頃、部活の試合には必ずお弁当を持たせてくれました。「必勝のカツ弁当」ではなく、大切な時には決まってからあげ弁当でした。いまでもここぞという時には、必ず、からあげを食べています。

高校生の頃は毎日お弁当でした。彩りよく並べられた手作りのおかずたち。１週間、同じおかずが出ることはありませんでした。お弁当をあけるときの、ちょっとしたワクワクはいまでも忘れられません。

他にも、付き合っていた人につくってもらった愛情たっぷりなサンドイッチ弁当の淡い味や、はじめて自分でつくった肉だらけの茶色弁当の濃い味だって記憶に残っています。

お弁当、それは思い出や愛情が詰まった、特別な食事なのだと思います。冷めたお弁当も温かいお弁当もどちらも好きですが、共通して言えることは、すべて手作りだということ。自分のためでも、だれかのためでも、お弁当はやっぱり手作りが美味しい。

どこかの家庭のお弁当の中で、ちょっとした幸せを与えられるおかずや、思い出に残るおかずが、この本から出てきたら……。
そう考えるだけで、ただただ幸せなのです。

CHAPTER 02
Meat
肉のおかず

エスニック3色そぼろ弁当

お弁当の定番にエスニック要素をプラス。
「野菜」「そぼろ」「たまご」
どれを食べても新鮮で楽しい気分に。

90p
クレソン
白ごまナムル

42p
タイ風しょうが
塩そぼろ

119p
ベトナム風
たまごそぼろ

肉おにぎり
いつものおにぎりが大変身。
ごはんに混ぜるだけで、
みんなが笑顔になる
とびきりのごちそうに。
43p
クミンとなすの
ドライカレー
44p
グリーンカレー
そぼろ
42p
タイ風しょうが
塩そぼろ
45p
ハーブ肉だんご

鶏肉とナンプラーの塩麹漬け

漬け込み時間は除く 25min　冷蔵庫で 4〜5日間

塩麹とナンプラーの
意外な組み合わせであとひく旨さ

材料（4人分）

鶏もも肉	500g
A ナンプラー	小さじ2
A 塩麹	大さじ3
ローズマリー	3枝

1 鶏肉を一口サイズに切ってボウルに入れ、Aと手で4等分にちぎったローズマリーを入れて一緒によく揉み込み、ラップをして冷蔵庫で味が染み込むまで2時間ほど漬ける。

2 220℃に予熱したオーブンレンジで1を20分ほど焼く。

オーブンでなく、フライパンで焼いても。その場合、塩麹は焦げやすいので、じっくり弱中火で焼きましょう。

鶏むね肉のカシューナッツ炒め

カシューナッツと黒酢の酸味の絶妙な味わい

材料（つくりやすい量）

鶏むね肉	300g
ピーマン	３個
カシューナッツ	30g
上白糖	大さじ１
塩	小さじ１/２
片栗粉	大さじ２
A 黒酢	大さじ２
A オイスターソース	大さじ１
A ナンプラー	大さじ１
ごま油	大さじ２

1 鶏肉は表面に数カ所フォークで穴をあける。ボウルに入れて上白糖、塩と一緒によく揉み込み、ラップをして冷蔵庫で１時間ほど漬ける。漬け込み後、1.5cm角に切り、片栗粉をまぶして揉み込む。ピーマンは乱切りにする。

2 フライパンにごま油をひき、鶏肉の表面にうっすら焼き目つくまで中火で焼き、ピーマンとカシューナッツを加え、ピーマンがしんなりするまで炒める。

3 2にAを加え、全体にからむように炒める。

つくりおきMemo

鶏むね肉は砂糖と塩で漬け込むことで、パサつきがなく、ジューシーに仕上がります。

手羽中のはちみつナンプラー焼き

はちみつとナンプラーの相性がバツグンなおつまみ系つくりおき

10min　冷蔵庫で5〜6日間

材料（15本分）

手羽中	15本
粗挽き黒こしょう	小さじ1
薄力粉	適量
はちみつ	大さじ4
ナンプラー	大さじ2
オリーブオイル	大さじ1

1 手羽中は骨にそって切れ目を入れ、ボウルに入れて、黒こしょうをふりかけて揉み込む。さらに薄力粉を手羽中の全体に薄くまぶして揉み込む。

2 フライパンにオリーブオイルをひき、中火で手羽中の皮面から焼く。焼き色がついたらひっくり返し、弱火にしてフタをして4分ほど焼く。

3 火を止めて2にはちみつを入れ、手羽中にからませてからナンプラーで味をととのえる。

手羽中のレモングラス煮

レモングラスで煮込んでさっぱりとした味わいに

15min　冷蔵庫で5〜6日間

材料（15本分）

	手羽中	15本
	レモングラス	2本
	にんにく	1片（6g）
	赤とうがらし	1本
A	ナンプラー	大さじ1と1/2
A	きび砂糖（上白糖でも可）	大さじ1
A	水	200ml
	塩	少々
	オリーブオイル	大さじ1

1 レモングラスは硬い皮を2枚ほどはがし、輪切りにする。にんにくはみじん切りにする。赤とうがらしはタネを取りのぞき、輪切りにする。

2 フライパンにオリーブオイルをひき、弱火で1を炒める。にんにくの香りがたってきたら、手羽中を入れて中火で1分ほど炒める。

3 2にAを入れ、中火で煮汁が1/4ほどになるまで煮詰めて、最後に塩で味をととのえる。

つくりおきMemo

鶏肉の煮こごりが出た場合は、食べる際に温めましょう。

サムゲタン風ほろほろ煮込み

60min　冷蔵庫で 4~5日間

手羽元で簡単！
干し貝柱が味の深みの立役者

材料（４人分）

	手羽元	８本
A	干し貝柱	２個
A	白ねぎ	40g
A	しょうが	２片（12g）
A	にんにく	２片（12g）
A	米	大さじ２
A	水	１ℓ
	塩	小さじ１/２
	粗挽き黒こしょう	小さじ１/２
	ごま油	小さじ２

1 鍋にたっぷりの水（分量外）と手羽元を入れて、中火にかける。沸騰寸前で弱火にし、アクが出たらすくい、肉の表面が白くなったらザルにあげて水で軽く洗う。

2 ねぎ、しょうがはみじん切りにする。にんにくは縦半分に切り、芽を取り、包丁の背でつぶす。米は洗って30分ほどザルにあげる。

3 ホーロー鍋に手羽元、Aを入れて弱火で40分ほどフタをして煮込む。途中フタをあけ、アクが出たらお玉などですくう。さらに10分ほど経過したら、塩と黒こしょうで味をととのえる。

4 煮込み終わりにごま油をまわし入れる。

干し貝柱の身がほぐれていない場合は、煮込み後に取り出し、ほぐして戻し入れてください。冷めたらすぐに冷蔵庫で保存し、食べる際はしっかり温めることをおすすめします。

手羽元のトムカーガイ風煮込み

30min　冷蔵庫で4~5日間

トムヤムクンペーストを使った
鶏肉のココナッツミルクスープ

材料（つくりやすい量）

手羽元	8本
しょうが	3片(18g)
A ココナッツミルク	400ml
A 水	200ml
A こぶみかんの葉	6枚
トムヤムクンペースト	大さじ2
ナンプラー	大さじ1
ライム汁	大さじ1

1 鍋にたっぷりの水（分量外）と手羽元を入れて、中火にかける。沸騰寸前で弱火にし、アクが出たらすくい、肉の表面が白くなったらザルにあげて水で軽く洗う。

2 しょうがは皮つきのまま薄切りにする。

3 鍋に1、2、Aを入れて弱火で15分ほど煮込む。火にかけて10分ほど経過したらトムヤムクンペーストを溶き入れ、ナンプラーで味をととのえ、さらに5分ほど煮込む。

4 3にライム汁を入れて軽く混ぜる。

ココナッツミルクは沸騰状態が続くと分離しやすいので、弱火でじっくりと煮込んでください。

手羽先のヤンニョムチキン

10min　冷蔵庫で 5～6日間

甘辛いソースがやみつきになる
韓国屋台の人気フード

材料（10本分）

	手羽先	10本
A	ケチャップ	大さじ4
A	いりごま（白）	大さじ2
A	コチュジャン	大さじ1
A	はちみつ	小さじ2
	塩	小さじ1／4
	粗挽き黒こしょう	小さじ1／4
	片栗粉	適量
	揚げ油	適量

1 手羽先は表面に6カ所ほどフォークで穴をあけ、ボウルに入れて塩、黒こしょうと一緒によく揉み込む。さらに片栗粉を手羽先の表面全体にまぶして揉み込む。

2 180℃の揚げ油で1を4～5分揚げ、キッチンペーパーをしいたバットにあげて余分な油をきる。

3 ボウルに2とAを入れてよく混ぜる。

手羽先は塩、黒こしょうでしっかりと味付けすることで、保存しても美味しさが持続します。

鶏皮のタイ風ぽん酢和え

15min　冷蔵庫で 3〜4日間

コクある鶏皮を
ナンプラーとぽん酢でさっぱりと

材料（４人分）

鶏皮	４枚（約200g）
セロリ	１／２本（50g）
赤とうがらし	２本
A ぽん酢	50ml
A ナンプラー	大さじ２
パクチー	適量
酒	大さじ２

1　鍋に水１ℓのお湯（分量外）を沸かし、酒を入れて中火にかける。沸騰寸前に鶏皮を入れ、鶏皮が白っぽくなるまで６〜７分ゆでて、ザルにあげ、水で洗い、キッチンペーパーなどでしっかりと水気をふきとる。

2　ゆでた鶏皮は２mm幅に切る。セロリは２mm幅の斜め切りにする。赤とうがらしはタネを取りのぞき、輪切りにする。パクチーは２cm幅に切る。

3　ボウルに2、Aを入れて混ぜる。食べる際にパクチーをのせる。

冷蔵庫で一晩漬け込むと味がさらに染み込み、より美味しくいただけます。

豚しゃぶとセロリのライム和え

**洋風食材をナンプラーで
エスニック風の味わいに**

10min　冷蔵庫で 3~4日間

材料（4人分）

豚肩ロース肉（しゃぶしゃぶ用）	300g
セロリ	1本
ライム	1/2個
酒	大さじ2
A 白ワインビネガー	50ml
A オリーブオイル	大さじ4
A ナンプラー	大さじ1
A 塩	小さじ1/4

1 セロリは2mm幅の斜め切りにする。ライムは5枚ほど1mm幅の薄切りにし、1/4にカットする。残りは大さじ1程度になるよう絞る。ボウルにAを入れて混ぜる。

2 鍋に1ℓのお湯（分量外）を沸かし、酒を入れて豚肉をサッとゆで、氷水で冷やしてザルにあげる。

3 1、2をしっかりと混ぜ合わせ、ライムをトッピングする。

塩豚のジューシー揚げ

**どんなシーンでも喜ばれる
万能ごちそうおかず**

漬け込み時間は除く 30min　冷蔵庫で 6~7日間

材料（つくりやすい量）

豚バラ塊肉	400g
塩	小さじ2
上白糖	大さじ1
揚げ油	適量

1 豚肉は塩と上白糖を全面にしっかりと手ですり込み、全体をラップで巻き、冷蔵庫で2時間ほど寝かせる。

2 1から出た水気をキッチンペーパーなどでしっかりとふきとり、豚肉が半分ほど浸かる揚げ油（160℃）で20分ほど揚げて取り出す。

3 180℃まで温度を上げて、ふたたび豚肉を入れ、表面がきつね色になるまで5分ほど揚げる。

漬け込み時間は長くても8時間以内に。漬け込み時間が長くなると、塩味が強くなります。葉野菜、ミント、パクチーと一緒に巻いて食べると美味。バインミー（ベトナム風サンドイッチ）の具材としてもおすすめ。

エスニック酢豚

**スイートチリソースとケチャップの
甘辛タレと黒酢のハーモニー**

材料（4人分）

豚肩ロース肉	400g
赤パプリカ	1個（150g）
アスパラガス	4本
A 酒	小さじ2
A 塩	少々
A 粗挽き黒こしょう	少々
B 黒酢	50ml
B スイートチリソース	大さじ3
B ケチャップ	大さじ2
B はちみつ	小さじ2
片栗粉	適量
揚げ油	適量

1 豚肉は1.5cm幅に切る。赤パプリカは5mm幅に切る。アスパラガスは3cm幅に切る。豚肉はAをふって揉み込む。

2 豚肉の全体に片栗粉をまぶし、フライパンに2cmほどの揚げ油を入れ、180℃で5分ほど揚げる。

3 別のフライパンにサラダ油小さじ2（分量外）をひき、赤パプリカとアスパラガスを中火で炒め、しんなりとしてきたらBと豚肉を入れ、具材とからむまで弱火で炒める。

少量のしょうゆやナンプラーを足すと、味にコクが追加されてさらに美味しくいただけます。

牛肉とごぼうのプルコギ

15min　冷蔵庫で 6~7日間

コチュジャンのピリッとした辛さと
ごぼうの食感がアクセント

材料（4人分）

牛こま切れ肉	300g
ごぼう	100g
しょうが	3片（18g）
酒	100ml
A しょうゆ	大さじ2
A はちみつ	大さじ1
A コチュジャン	大さじ1
ごま油	小さじ2

1 ごぼうは6cm幅に切り、縦6等分に切る。しょうがは千切りにする。

2 フライパンにごま油をひき、中火で牛肉を炒める。牛肉に半分ほど火が入ったら、ごぼうとしょうがを入れ、ごぼうがしんなりとするまで炒める。

3 2に酒を入れ、中火で炒めて汁気がなくなったら、Aを入れて全体をからめながら炒め、混ざったら火を止める。

ごぼうは太めに切ることで食べ応えある食感が楽しめます。しょうがを多く入れることで、冷めても美味しくいただけます。辛いのが好きな方はコチュジャンをさらに足しても。

タイ風しょうが塩そぼろ

10min　冷蔵庫で 6〜7日間　冷凍庫で 2〜3週間

食欲がないときにおすすめしたい
さっぱり塩そぼろ

材料（４人分）

鶏ひき肉	300g
しょうが	３片（18g）
こぶみかんの葉	８枚
酒	50ml
塩	小さじ１／２
ごま油	小さじ２

1 しょうがはみじん切りにする。こぶみかんの葉は手でバリバリと砕く。

2 フライパンにごま油をひき、弱火でしょうがを炒める。香りがたってきたら鶏肉、こぶみかんの葉を入れ、鶏肉が半分ほど白く色が変わったところで、酒を入れて汁気がなくなるまで中火で炒める。

3 2に塩をまんべんなくふりかけ、１分ほど炒めたら火を止める。

しっかりと塩味をつけることで、ごはんとの相性もよく、保存期間も長くなります。

クミンとなすのドライカレー

15min　冷蔵庫で5~6日間

クミンをアクセントにした旨辛な味わいとなすの相性を楽しんで

材料（4人分）

豚ひき肉	300g
玉ねぎ	1／2個（100g）
なす	1本（80g）
にんにく	1片（6g）
クミンシード	小さじ1
A ケチャップ	大さじ2
A カレー粉	小さじ2
A オイスターソース	小さじ2
オリーブオイル	小さじ2

1　玉ねぎ、にんにくはみじん切りにする。なすは5mm角に切る。

2　フライパンにオリーブオイルをひき、弱火でにんにくとクミンシードを炒める。にんにくの香りがたってきたら、玉ねぎを入れてしんなりとするまで中火で炒める。

3　2になすと豚肉を入れて、豚肉が半分ほど白く色が変わったところでAを入れて、汁気がなくなるまで炒める。

つくりおきMemo

クミンシードがない場合は、クミンパウダーでも可。甘めの味わいが好みの場合は、ケチャップをさらに追加しても。

グリーンカレーそぼろ

**おにぎりや焼きそばの具材にも使える
万能そぼろ**

材料（4人分）

豚ひき肉	300g
玉ねぎ	1/2個（100g）
A グリーンカレーペースト	大さじ1
A ココナッツミルク	50ml
ナンプラー	小さじ2
三温糖（上白糖でも可）	小さじ1
オリーブオイル	小さじ2

1 玉ねぎをみじん切りにする。Aはボウルに入れて混ぜておく。

2 フライパンにオリーブオイルをひき、中火で玉ねぎがしんなりするまで炒める。豚肉を入れて、豚肉が半分ほど白く色が変わったところでAを入れて、汁気がなくなるまで炒める。

3 2にナンプラー、三温糖を入れて味をととのえ、火を止める。

工程2にこぶみかんの葉を6枚ほど追加すると、柑橘系の味わいが足されてあっさり。

ハーブ肉だんご

豚肉の旨味とミントの爽やかさの意外な組み合わせ

材料（４人分）

A	豚ひき肉	300g
A	スペアミント（葉）	25枚
A	たまご	１個
A	塩	少々
A	粗挽き黒こしょう	少々
	酒	100ml
B	ナンプラー	大さじ１
B	バター	15g
	オリーブオイル	大さじ１

1. ボウルにAを入れて、粘り気が出るまで手で混ぜ合わせ、一口サイズに丸く形をととのえる。
2. フライパンにオリーブオイルをひき、中火で1の両面に焼き色がつくまで焼く。
3. 2に酒を入れてフツフツと煮立たせたら、Bを入れ、フタをして２〜３分弱火で煮る。

ペパーミントではなくスペアミントを使うことが美味しさのヒミツ。

ナムプリックオン

辛さがクセになるミートソース
スティック野菜にディップして

材料（つくりやすい量）

豚ひき肉	300g
玉ねぎ	1個（200g）
A レッドカレーペースト	100g
A トマト缶（カット）	400ml
A アンチョビ	4枚
A ナンプラー	大さじ1
A 三温糖（上白糖でも可）	大さじ1
オリーブオイル	小さじ2

1 玉ねぎ、アンチョビはみじん切りにする。

2 鍋にオリーブオイルをひき、中火で玉ねぎを炒め、しんなりとしてきたら豚肉を入れて炒める。

3 2にAを入れ、レッドカレーペーストを溶かすようにゆっくりと混ぜながら、最初の半量になるまで弱火で煮詰める。

煮詰める際は、焦げないようにしっかりと鍋の底からよく混ぜてください。煮詰まりすぎて味が濃くなった場合は、水を入れて調整してください。

タイ風煮込みハンバーグ

30min　冷蔵庫で 4～5日間

**グリーンカレー風味の
ジューシーなハンバーグ**

材料（４人分）

	牛豚あいびき肉	500g
	玉ねぎ	１個（200g）
A	グリーンカレーペースト	大さじ２
A	こぶみかんの葉	８枚
A	パン粉	大さじ４
A	たまご	１個
B	ココナッツミルク	400ml
B	ナンプラー	大さじ１
	バター	10g
	オリーブオイル	大さじ１

1　玉ねぎはみじん切りにする。こぶみかんの葉は手でバリバリ砕く。フライパンにバターを溶かし、中火で玉ねぎがしんなりするまで炒め、バットにあげて粗熱をとる。

2　ボウルに玉ねぎ、あいびき肉、Aを入れ、粘りが出るまで混ぜる。タネを８等分し、両手で７回ほどキャッチボールをするようにして中の空気を抜き成形する。

3　鍋にオリーブオイルをひき、中火でタネの両面に焼き目がつくまで焼く。余計な油をキッチンペーパーなどでふきとり、Bを入れて５分ほど弱火で煮込む。ひっくり返してさらに５分ほど煮込む。

保存して食べる際はソースが固まっているので、温めてください。

クミンチリコンカン

30min　冷蔵庫で4〜5日間

クミンの香りが食欲をそそる一品は
バゲットやサラダと一緒に

材料（つくりやすい量）

牛豚あいびき肉	250g
ベーコン（ブロック）	50g
玉ねぎ	1個（200g）
にんにく	1片（6g）
クミンシード	大さじ1
A レッドキドニービーンズ（缶詰）	200g
A トマト缶（カット）	400g
A ケチャップ	大さじ4
A みそ	小さじ2
赤ワイン	50ml
チリパウダー	大さじ1
塩	少々
オリーブオイル	小さじ2

1 ベーコンは3mm角に切る。玉ねぎ、にんにくはみじん切りにする。

2 深めのフライパンにオリーブオイルをひき、弱火でにんにくとクミンシードを炒める。クミンの粒のまわりがフツフツ泡立ち、香りがたってきたら、中火にしてベーコンとあいびき肉を入れて炒める。

3 あいびき肉が半分ほど白っぽくなったら、玉ねぎを入れてさらに炒め、玉ねぎがしんなりとしたら赤ワインを入れ、沸騰寸前で弱火にして、Aを入れる。

4 10分ほど煮込み、チリパウダーと塩で味をととのえる。

チリパウダーはお好みで増減してください。赤ワインには肉の臭み消しの役割があります。

CHAPTER 03

Fish

魚介のおかず

エスニック魚プレート

少し遅く起きた休日の朝は、ワンプレートに
つくりおきをならべて、ごちそう朝ごはん。
旅先のモーニングみたいで、
朝からウキウキな１日に。

おつまみセット
仕事を頑張った１日のご褒美に。
つくりおきさえあれば、
玄関をあけたらすぐに
ごちそうが待っているのです。
57p
リネ
64p
牡蠣の
エスニックオイル漬け
63p
レモングラス
ガーリックシュリンプ
55p
さんまとれんこんの
コチュジャン煮
61p
タコときゅうりの
ベトナム風マリネ
62p
海鮮とディルの
さつま揚げ
66p
あさりと白菜の
クタクタ蒸し

サーモンのスパイシーオニオンマヨ

10min　冷蔵庫で 2〜3日間

スイートチリソースがアクセント
おつまみやどんぶりの具材にぴったり

材料（4人分）

	サーモン（刺身用）	150g
	紫玉ねぎ	1／2個（100g）
A	スイートチリソース	大さじ2
A	マヨネーズ	大さじ1と1／2
A	酢	大さじ1
A	チリパウダー	小さじ1／2

1 サーモンは2cm角に切る。紫玉ねぎは薄切りにして、水に2分ほどさらして水気をきる。

2 ボウルに1、Aを入れて混ぜ合わせる。

紫玉ねぎがなければ、玉ねぎで代用可能です。

シャケのヌクマム漬け

漬け込み時間は除く 15min　冷蔵庫で 3～4日間

**ヌクマムとこぶみかんの葉で
お手軽にエスニック風**

材料（4人分）

生シャケ（切り身）	4切れ（400g）
A 酒	50ml
A みりん	大さじ2
A ヌクマム	大さじ1
A こぶみかんの葉	8枚

1 シャケは塩少々（分量外）をふりかけ、10分ほどおき、キッチンペーパーなどでしっかりと水気をふきとる。生シャケは食べやすいサイズに切る。

2 鍋にAを入れ、弱火にかけ沸騰して煮立ったら火を止めて余熱をとる。

3 魚焼きグリルでシャケを片面4～5分ずつ焼く。

4 保存容器に3、Aを入れてラップを落としブタのようにして1時間ほど漬け込む。

つくりおき Memo

うす味がお好きな方は、水大さじ2をAに追加してください。生シャケの代わりに、サーモントラウトでも。

カムジャタン風 サバじゃが

濃厚な味わいが食欲をそそる 韓国風肉じゃが

30min　冷蔵庫で 2〜3日間

材料（４人分）

サバ（水煮缶・みそ味）	１缶（180g）
じゃがいも	４個（400g）
玉ねぎ	１／２個（100g）
A コチュジャン	大さじ２
A みそ	大さじ２
A きび砂糖（上白糖でも可）	小さじ２
A にんにく	２片（12g）
A すりごま（白）	大さじ３
A 赤とうがらし（粉）	大さじ１
酒	50ml
しょうゆ	大さじ１
ごま油	小さじ２

1 じゃがいもは皮をむき、一口大より少し大きめのサイズに切る。玉ねぎはくし切りにする。にんにくはすりおろす。ボウルにAを入れて混ぜる。

2 鍋にごま油をひき、中火で玉ねぎがしんなりするまで炒める。じゃがいもと水600ml（分量外）、酒を入れて沸騰するまで火にかける。

3 2が沸騰したら弱火にして、サバ缶を汁ごと入れる。Aを溶き入れて15分ほど煮込む。

4 3にしょうゆを入れて、さらに５分ほど煮込む。

さんまとれんこんの コチュジャン煮

さんまをコチュジャンで煮込んだ ごはんがすすむつくりおき

20min　冷蔵庫で 3〜4日間

材料（つくりやすい量）

さんま	２匹（300g）
れんこん	150g
しょうが	２片（12g）
水	400ml
A みそ	大さじ１と１／２
A コチュジャン	大さじ１
A しょうゆ	小さじ２
ごま油	小さじ２

1 さんまは頭と尾を切り落とす。腹に縦に切れ目を入れ内臓を取り、水でよく洗い、４等分に切って、キッチンペーパーなどで水気をふきとる。

2 れんこんは縦半分に切り、半月切りにする。しょうがは千切りにする。ボウルにAを入れて混ぜる。

3 鍋にごま油を入れ、しょうがとれんこんを中火で炒める。れんこんがしんなりとしたら、水を入れて沸騰寸前で弱火にし、さんまを入れ、Aを溶き入れて、落としブタをして12〜13分煮込む。

保存して２日目以降がさんまに味が染みてさらに美味しくなります。

揚げサバのキムチ漬け

**ザーサイが味のアクセントになった
食べ応えある一品**

材料（4人分）

	サバ（切り身）	4切れ（400g）
A	キムチ	150g
A	白ねぎ	40g
A	ザーサイ	30g
A	酢	大さじ4
A	しょうゆ	大さじ1と1／2
A	いりごま（白）	大さじ1
	片栗粉	適量
	揚げ油	適量

1 サバは骨を取りのぞき、食べやすいサイズに切る。表面の水気をキッチンペーパーなどでしっかりとふきとり、片栗粉を全体にかかるようにまぶす。キムチ、ねぎ、ザーサイはみじん切りにする。ボウルにAを入れて混ぜる。

2 170℃の揚げ油にサバを入れ、表面がきつね色になるまで3〜4分揚げたら、キッチンペーパーなどをしいたバットにあげて余分な油をきる。

3 ボウルに1、2を入れて混ぜ合わせる。

保存中はたまにサバをひっくり返し、両面につけ汁がなじむようにする。

タラのレモングラスマリネ

漬け込み時間は除く 20min

冷蔵庫で 3~4日間

漬け込むほどレモングラスの風味が楽しめるマリネ

材料（４人分）

タラ（切り身）	４切れ（400g）
レモングラス	２本
A オリーブオイル	大さじ３
A 白ワインビネガー	大さじ３
A ナンプラー	大さじ１
A ライム汁	大さじ１
A 粗挽き黒こしょう	少々
片栗粉	適量
サラダ油	適量

1 タラは塩少々（分量外）をふりかけ、10分ほどおき、キッチンペーパーなどでしっかりと水気をふいてから、3cm幅に切る。片栗粉をタラの全体にかかるようにまぶす。レモングラスは硬い皮を２枚ほどはがして輪切りにする。

2 フライパンにサラダ油を2cmほど入れ、1のタラを４～５分揚げ焼きして、キッチンペーパーなどをしいたバットにあげて余分な油をきる。

3 保存容器に2、混ぜ合わせたA、レモングラスをのせて１時間ほど漬け込む。

タラは身がくずれやすいので、揚げている最中や漬け込む際は、やさしく扱いましょう。

ブリのグリーンカレー煮

20min　冷蔵庫で 3〜4日間

**ブリのこってりとした味わいに
グリーンカレーの辛さを**

材料（４人分）

	ブリ（切り身）	４切れ（400g）
A	しょうが	２片（12g）
A	こぶみかんの葉	６枚
A	上白糖	大さじ３
A	しょうゆ	大さじ１と1/2
A	酒	100ml
A	水	100ml
	グリーンカレーペースト	大さじ１
	サラダ油	大さじ１

1 しょうがは皮つきのまま、薄切りにする。

2 鍋にサラダ油をひき、中火でブリの両面をうっすら焼き色がつくまで焼く。Aを混ぜ入れて、中火にかけフツフツとしてきたら、グリーンカレーペーストを溶き入れる。

3 弱火にして2を６〜７分煮込む。途中スプーンで、汁を表面に回しかけながら煮る。

かつおの韓国風たたき

10min　冷蔵庫で2~3日間

新鮮なかつおをたっぷりのねぎでいただく贅沢な一品

材料（つくりやすい量）

	かつおのたたき	400g
	白ねぎ	30g
	しょうが	1片（6g）
A	ごま油	大さじ4
A	しょうゆ	大さじ3
A	みりん	大さじ2
A	コチュジャン	大さじ1と1/2
A	みそ	小さじ2
	いりごま（白）	大さじ1

1 かつおは5mm厚に切る。ねぎはみじん切りにする。しょうがはすりおろす。ボウルにAを入れて混ぜる。

2 ボウルにすべての材料を入れて、さらに混ぜる。

山椒タコからあげ

**山椒の風味がクセになる
おつまみ系つくりおき**

材料（4人分）

	タコ（ボイル）	300g
A	酒	大さじ1
A	しょうゆ	大さじ1
A	粉山椒	小さじ2
	片栗粉	適量
	揚げ油	適量

1　タコは1cm幅に切り、フォークなどで表面に数カ所穴をあけて、ボウルにAと一緒に入れて、よく揉み込み10分ほど漬ける。

2　1に片栗粉を全体にかかるようにまぶし、170℃の揚げ油で4～5分揚げる。

粉山椒はお好みで量を増やしても。ミルで挽いた山椒は香り高く、つくりおきしても風味が落ちにくいのでおすすめです。

タコときゅうりのベトナム風マリネ

10min　冷蔵庫で 3~4日間

米酢の風味でさっぱりした味わいの
マリネは箸休めにぴったり

材料（４人分）

タコ（ボイル）	200g
きゅうり	２本（200g）
小ねぎ	３本
赤とうがらし	１本
にんにく	１片（６g）
米酢	大さじ２
ヌクマム（ナンプラーでも可）	大さじ１と１/２
上白糖	大さじ１

1 タコは一口サイズに切る。きゅうりはまな板の上に置き、すりこぎ棒などで全体をたたき、食べやすいサイズに切る。ねぎは小口切りにする。赤とうがらしはタネを取りのぞいて輪切りにする。にんにくはみじん切りにする。

2 ボウルにすべての材料を入れて、よく混ぜ合わせる。

海鮮とディルのさつま揚げ

20min　冷蔵庫で4～5日間

シーフードミックスを使ったさつま揚げはディルの風味がアクセント

材料（4人分・約24個分）

シーフードミックス（冷凍）	400g
豚ひき肉	200g
ディル（葉）	10g
A ナンプラー	大さじ1
A スイートチリソース	大さじ1
A 上白糖	大さじ1と1/2
A 塩	少々
A 粗挽き黒こしょう	少々
片栗粉	大さじ2
揚げ油	適量

1 シーフードミックスは解凍し、キッチンペーパーなどで水気をふきとり、フードプロセッサーに豚肉、ディルと一緒に入れてすり身状に攪拌する。

2 ボウルに1、Aを入れて混ぜたら、片栗粉も加えて混ぜる。

3 2を木べラなどの平らな面に大さじ2ほどとり、170℃の揚げ油に静かに落とし入れ、きつね色になるまで3～4分揚げる。

揚げる際、温度が高くなるとすぐに焦げてしまうので注意してください。

レモングラスガーリックシュリンプ

15min　冷蔵庫で 3～4日間

レモングラスの爽やかさと
バターのコクがクセになる一品

材料（つくりやすい量）

エビ（殻付き・無頭）	10尾
にんにく	4片（24g）
レモングラス	2本
A 白ワイン	100ml
A 塩	小さじ1/4
A 粗挽き黒こしょう	少々
バター	30g
オリーブオイル	大さじ3

1 エビはよく洗って水気をきる。殻はつけたままで背に切り込みを入れ、背ワタを取りのぞく。にんにくは縦半分に切り、芽を取りのぞき、粗みじん切りにする。レモングラスは硬い皮を2枚ほどはがし、輪切りにする。

2 フライパンにオリーブオイルをひき、弱火でにんにくとレモングラスを炒め、にんにくがきつね色になったら、一度皿に取り出す。

3 2と同じフライパンに、エビとAを入れて、中火でエビに火が通るまで炒める。火を止めてバターを入れ、にんにく、レモングラスを戻し入れ、全体をからめる。

にんにくは焦げやすいので最初は弱火でじっくりと炒めてください。保存中はバターが固まりやすいため、温めて食べるのがおすすめです。

牡蠣のエスニックオイル漬け

漬け込み時間は除く 10min
冷蔵庫で 6~7日間

おかずにおつまみにアレンジがきく
万能つくりおき

材料（つくりやすい量）

牡蠣（加熱用）	300g
酒	大さじ1
A オイスターソース	大さじ1
A ナンプラー	大さじ1
B オリーブオイル	200ml
B にんにく	2片（12g）
B レモングラス	2本
塩	小さじ1
片栗粉	大さじ2

1 牡蠣は塩、片栗粉をまぶして、全体に揉み込み、流水で洗って汚れを落とす。ザルにあげてキッチンペーパーなどでしっかりと水気をふく。にんにくは縦半分に切り、芽を取りのぞき、薄切りにする。レモングラスは硬い皮を2枚ほどはがし、輪切りにする。

2 冷たいフライパンに牡蠣を並べ、酒をふりかけてから火にかけ、円を描くようにゆすりながら強火で一気に両面を焼く。牡蠣から水分が出て、表面に焼き目がついたら弱火にして、Aを入れて水分がなくなるまで煮詰める。

3 2の粗熱とり、保存容器にBと一緒に入れて、1日漬ける。

牡蠣は強火で一気に火を通すことで水分が出やすくなり、旨味がギュッと凝縮します。牡蠣の旨味とレモングラスの味わいが染み込んだ漬け込みオイルは、パスタオイルに利用しても美味しいです。

ほたてのアジアン佃煮

10min　冷蔵庫で 6〜7日間

濃厚なタレに漬け込んだ
旨味たっぷりごはんのお供

材料（つくりやすい量）

ほたて貝柱（ボイル）	250g
A しょうが	3片（18g）
A 水	50ml
A みりん	大さじ2
A オイスターソース	大さじ1
A ナンプラー	小さじ2

1 しょうがは千切りにする。

2 鍋にほたてとAを入れて火にかける。沸騰寸前で弱火にして全体に煮汁をかけながら6〜7分煮る。

つくりおきMemo

濃いめの味付けなので、ごはんと相性がよいです。煮汁が残らないようにゆっくり煮詰めるのが美味しくなるコツです。

あさりと白菜のクタクタ蒸し

15min　冷蔵庫で 3〜4日間

**あさりの旨味と白菜のやさしい甘さを
感じられる逸品**

材料（つくりやすい量）

あさり（砂抜き済み）	250g
白菜	1/4カット（700g）
にんにく	2片（12g）
酒	大さじ3
A みりん	大さじ1
A ナンプラー	大さじ1
A しょうゆ	大さじ1

1 白菜は4cm幅に切る。にんにくは縦半分に切り、芽を取って薄切りにする。

2 鍋に白菜、あさり、にんにくの順番に入れ、酒を全体にふりかけて、中火にかけフタをする。

3 あさりの口があいたらAを入れ、フタを少しスライドさせて7〜8分煮る。

CHAPTER 04
Vegetable
野菜のおかず

具沢山野菜プレート

オーバル皿にちょこっと盛り付けるだけで目にも鮮やかな野菜プレートの完成。ごはんやおつまみなど、色々なシーンに。

96p
枝豆の山椒和え

99p
ししとうの和風ナンプラー漬け

76p
切り干し大根のトムヤム炒め

89p
オクラのピーナッツ和え

87p
インゲンの台湾風甘辛和え

73p
ブロッコリーのナンプラーバター

100p
ヤムヘッド

82p
紫キャベツのエスニックマリネ

75p
ズッキーニナムル

81p
ディルのコールスロー

77p
大根とにんじんのなます

91p
ほうれん草のコチュジャン和え

野菜サンドイッチ

パーティで大活躍するカラフルな野菜たち。
バゲットにのせるだけなので
簡単に品数を増やせるのが嬉しい。

74p
なすの
みそグリーン
カレー炒め

77p
大根とにんじんの
なます

80p
れんこんの明太チリマヨ

72p
コーンのスイート
チリバター

82p
紫キャベツのエスニックマリネ

83p
キャベツの
オリエンタル炒め

86p
春菊とオイルサーディンの
タイ風サラダ

70p
タイ風
ポテトサラダ

116p
いちごと
パクチーの
バルサミコ
マリネ

81p
ディルの
コールスロー

85p
グリーンカレー
マカロニサラダ

71p
じゃがいもの
チリマヨ和え

73p
ブロッコリーのナンプラーバター

89p
オクラの
ピーナッツ和え

タイ風ポテトサラダ

スパイシーなポテトサラダに
パクチーの爽快さをプラス

材料（４人分）

	じゃがいも	５個（500g）
	紫玉ねぎ	１/２個（100g）
	パクチー	２株
	酢	大さじ１
A	マヨネーズ	大さじ４
A	スイートチリソース	大さじ２
A	グリーンカレーペースト	小さじ２

1 紫玉ねぎはみじん切りにして水で２分ほどさらし、水気をきる。パクチーはみじん切りにする。ボウルにAを入れて混ぜ合わせる。

2 鍋にたっぷりのお湯を沸かして、塩少々（分量外）を入れ、皮をむいたじゃがいもをゆでる。竹串がスッと通るまでゆでたら、ゆで汁を捨ててザルにあげる。じゃがいもはふたたび鍋に戻し、中火にかける。粉ふきいも状態になったら火を止め、酢を全体に回しかける。

3 じゃがいもは温かいうちにヘラでつぶし、粗熱がとれたらボウルに入れて、紫玉ねぎ、パクチー、Aと一緒に混ぜる。

紫玉ねぎとパクチーの水気をしっかりときることが、保存期間を長くするポイントです。

じゃがいものチリマヨ和え

10min　冷蔵庫で 3~4日間

じゃがいものホクホクの味わいに
ピリッと辛いソースが絶妙

材料（４人分）

	じゃがいも	４個（400g）
A	スイートチリソース	大さじ３
A	マヨネーズ	大さじ２
A	チリパウダー	小さじ１
	サラダ油	大さじ４

1 皮をむいたじゃがいもを1cm角に切る。

2 フライパンにサラダ油をひき、中火でじゃがいもを５～６分炒めたら、余計な油をキッチンペーパーなどでふきとり、火を止める。

3 2にAを入れてよく混ぜ合わせる。

つくりおき Memo

じゃがいもはくずれにくいメークインがおすすめ。焼き目をしっかりつけると香ばしく美味しくなります。

コーンのスイートチリバター

5min　冷蔵庫で 3～4日間

コーンの甘さをバターと
スイートチリソースで極旨に

材料（つくりやすい量）

コーン（缶詰）	200g
バター	15g
スイートチリソース	大さじ2

1 コーンは汁気をきって、キッチンペーパーなどで水気をしっかりとふきとる。

2 フライパンにバターを入れ、バターが溶けてきたら、コーンとスイートチリソースを入れて1分ほど弱火で炒める。

コーンは強火にかけると、フライパンから飛び散ってしまうので、火加減には注意してください。隠し味にナンプラー少々を入れてもコクが出て美味しくいただけます。

ブロッコリーのナンプラーバター

15min　冷蔵庫で 4~5日間

ナンプラーとバターが
ブロッコリーの旨さを引き立たせる

材料（つくりやすい量）

ブロッコリー	２株（300g）
ベーコン（ブロック）	80g
バター	20g
ナンプラー	大さじ２
粗挽き黒こしょう	小さじ１/２

1　ブロッコリーは小房に分け、たっぷりのお湯に塩少々（分量外）を入れ、２分ほどゆでてザルにあげる。ベーコンは５mm幅の棒状に切る。

2　フライパンにバターを入れ、中火でベーコンを炒め、焼き色がついたらブロッコリーを入れて、サッと炒めたらナンプラーと黒こしょうで味付けをする。

つくりおき Memo

ブロッコリーは食感が残るようにゆでましょう。スパイシーな味わいが好きな場合は、黒こしょうをたっぷりとどうぞ。

なすのみそグリーンカレー炒め

10min　冷蔵庫で 3〜4日間

グリーンカレーの辛さにみそのコクが プラスされて絶妙な味わいに

材料（4人分）

なす	3本（240g）
A グリーンカレーペースト	小さじ2
A ココナッツミルク	100ml
A しょうゆ	小さじ2
A みそ	小さじ1
A 上白糖	小さじ1
オリーブオイル	大さじ1

1 なすはヘタとガクを切り、しましまになるようにピーラーで4カ所ほど縦に皮をむき、輪切りにする。ボウルにAを入れて混ぜる。

2 フライパンにオリーブオイルをひき、中火でなすをサッと炒める。

3 2にAを入れて、なすがしんなりするまで炒める。

Aのソースは焦げやすいので、長時間炒める際は火加減に注意してください。粘度が高いソースなので、保存後に食べる際は温めてからどうぞ。

ズッキーニナムル

しょうがとズッキーニの
相性の良さを感じる箸休め

材料（4人分）

ズッキーニ	2本（400g）
しょうが	3片（18g）
にんにく	1片（6g）
A ごま油	大さじ1
A しょうゆ	小さじ2
A いりごま（白）	大さじ2
塩	小さじ1/2

1 ズッキーニは薄切りにし、塩と一緒にボウルに入れて、水分が出るまで揉み込み、水気をしっかりときる。しょうがはみじん切りにする。にんにくはすりおろす。

2 ボウルに1、Aを入れて、混ぜ合わせる。

切り干し大根のトムヤム炒め

20min　冷蔵庫で 5~6日間

**切り干し大根をトムヤムクンペーストで
味付けてかつてない味わいに**

材料（４人分）

	切り干し大根	50g
A	トムヤムクンペースト	大さじ１と１／２
A	水	大さじ２
B	ナンプラー	大さじ１
B	レモン汁	小さじ２
B	上白糖	小さじ２

1　切り干し大根はたっぷりの水で10分ほど戻して、水気をきり、食べやすいサイズに切る。ボウルにAを入れて混ぜる。

2　フライパンを中火にかけ、Aを入れてフツフツとしてきたら、切り干し大根を入れて炒める。１分ほど炒めたら、Bを入れて汁気がなくなるまで炒める。

お好みで桜エビを入れても美味しくいただけます。

大根とにんじんのなます

おなじみのなますを
りんご酢でフルーティーに

材料（4人分）

大根	250g
にんじん	1/3本（50g）
塩	小さじ1/2
A りんご酢	50ml
A 三温糖	大さじ2
A ナンプラー	小さじ1

1 大根とにんじんは千切りにし、塩を揉み込み、水気をしっかりときる。

2 ボウルに1、Aを入れて、よく混ぜ合わせる。

保存中に水気が増えて味がぼんやりとしてきたら、ナンプラーで調整しましょう。

大根のトムヤムみそおでん

60min　5~6日間

トムヤム風味が大根の旨味を引き立て食欲そそる一品に

材料（つくりやすい量）

	大根	1本
A	トムヤムクンペースト	50g
A	みそ	大さじ2
A	ナンプラー	小さじ2
A	鶏がらスープの素（顆粒）	小さじ2
A	こぶみかんの葉	10枚
	水	1.2ℓ

1 皮をむいた大根を2cmの厚さに切り、両面に深さ1cmほど十字に切り込みを入れる。お鍋にたっぷりの水、お米大さじ2（分量外）を入れ、中火で20〜25分下ゆでし、ザルにあげて水でよく洗う。

2 鍋に1.2ℓの水を入れ、沸騰寸前で弱火にし、1の大根とAを溶き入れ、フタをして、30分ほど煮込む。

昆布、はんぺん、魚介、練り物など、おでんの具材を一緒に入れても。辛い味がお好みの方はさらにトムヤムクンペーストを足しても。

エスニックきんぴらごぼう

ナンプラーとごぼうが絶妙にマッチする万能つくりおき

材料（4人分）

	ごぼう	2本（200g）
A	ナンプラー	大さじ2
A	きび砂糖（上白糖でも可）	大さじ1
	赤とうがらし	1本
	酒	大さじ3
	ごま油	大さじ1

1 ごぼうは洗って皮をこそげ取り、千切りにする。酢少々（分量外）を入れた水に30分ほどつけてアクを抜き、水気をきる。赤とうがらしはタネを取りのぞいてから輪切りにする。

2 フライパンにごま油をひき、中火でごぼうと赤とうがらしを炒め、ごぼうがしんなりとしてきたら酒を入れて、サッと炒める。

3 2にAを入れて、汁気がなくなるまで中火で炒める。

パクチーの茎を入れると、さらにエスニック風味が増して美味しくいただけます。

れんこんの明太チリマヨ

15min　冷蔵庫で2~3日間

明太子とスイートチリソースの
意外な組み合わせが絶品

材料（4人分）

れんこん	250g
明太子	2腹（80g）
A マヨネーズ	大さじ2
A スイートチリソース	小さじ2

1 れんこんは皮をむき、2mm幅の半月切りにする。鍋にお湯を沸かし、2～3分ゆで、ザルにあげて粗熱をとる。明太子は薄皮をとってほぐす。

2 ボウルに1、Aを入れて混ぜる。

お好みでいりごま（白）を入れるとさらに美味しくいただけます。

ディルのコールスロー

15min　冷蔵庫で 3~4日間

**ベトナム料理でおなじみのディルを使って
あっさりとした味わいに**

材料（4人分）

	キャベツ	500g
	ディル（葉）	3g
A	上白糖	小さじ2
A	塩	小さじ1/2
B	マヨネーズ	大さじ2
B	レモン汁	小さじ1
B	粗挽き黒こしょう	少々

1 キャベツを千切りし、ボウルにAと一緒に入れ、しっかりと揉み込み、余分な水気をきる。ディルは食べやすいサイズに切る。

2 1のボウルにディル、Bを入れて、混ぜ合わせる。

つくりおきMemo

キャベツから出る水分はしっかりときりましょう。水分が残っているとキャベツがしんなりとしすぎて食感がなくなります。

紫キャベツのエスニックマリネ

10min　冷蔵庫で 4~5日間

**あっさりした口あたりなのに
深みのある味わいのエスニック風マリネ**

材料（４人分）

紫キャベツ	１／２玉（350g）
A オリーブオイル	大さじ３
A りんご酢	大さじ３
A スイートチリソース	大さじ１
A ライム汁	小さじ２

1 紫キャベツは２mm幅の千切りにして、ボウルに入れて塩小さじ１／４（分量外）をふって揉み込み、出てきた水気をキッチンペーパーなどでしっかりとふきとる。

2 ボウルに1、Aを入れてしっかりと混ぜ合わせる。

ライム汁がなければ、レモン汁で代用可能です。

キャベツのオリエンタル炒め

10min　冷蔵庫で 4~5日間

キャベツの甘さとクミンのスパイシーさのコントラストが印象的

材料（4人分）

キャベツ	1/2玉（350g）
クミンシード	大さじ1
酒	大さじ1
A ナンプラー	大さじ1/2
A 塩	小さじ1/4
A 粗挽き黒こしょう	少々
オリーブオイル	大さじ4

1 キャベツは大きめのざく切りにする。

2 フライパンにオリーブオイルをひき、弱火でクミンシードを炒める。クミンの粒のまわりがフツフツと泡立ち、香りがたってきたら、キャベツを入れて中火で炒める。

3 2に酒を入れ、キャベツがしんなりとしてきたら、Aで味をととのえる。

焼きパプリカの クミンマリネ

フルーティーなりんご酢で あっさりとスパイシーに

漬け込み時間は除く 10min　冷蔵庫で 6~7日間

材料（4人分）

パプリカ（赤・黄など）	3個（450g）
クミンシード	小さじ2
A りんご酢	大さじ3
A 上白糖	小さじ2
オリーブオイル	大さじ4

1 パプリカは縦半分に切り、ヘタとワタを取りのぞき全体をラップで包む。電子レンジ（600W）で1分～1分半温め、ボウルにはった氷水で冷やす。表面の皮をむき、乱切りにする。

2 フライパンにオリーブオイルを入れて、弱火でクミンシードを炒める。クミンの粒のまわりがフツフツと泡立ち、香りがたってきたら火を止める。

3 ボウルに1、2、Aを入れて、よく混ぜたら冷蔵庫で1時間ほど漬ける。

1日漬け込んだ方がりんご酢の味が染み込み、さらに美味しくいただけます。

グリーンカレー マカロニサラダ

グリーンカレーの風味を ヨーグルトでマイルドに

15min　冷蔵庫で 2~3日間

材料（4人分）

マカロニ	100g
ツナ缶（オイル漬け）	1缶（70g）
紫玉ねぎ	1/4個（50g）
にんじん	1/3本（50g）
A ヨーグルト（無糖）	大さじ3
A マヨネーズ	大さじ3
A グリーンカレーペースト	小さじ1
A 上白糖	小さじ1
A 酢	小さじ1

1 マカロニはパッケージ表示時間通りにゆでる。ツナ缶は油をしっかりときる。紫玉ねぎは1mm幅の薄切りにし、水に2分ほどさらしてから水気をきる。にんじんは千切りにして、塩少々（分量外）をふり、よく揉み込んで、にんじんからでた水気をしっかりきる。

2 ボウルにAを入れて混ぜる。

3 2に1を入れて、全体がからむようによく混ぜる。

春菊とオイルサーディンのタイ風サラダ

**オイルサーディンの深い味わいに
ナンプラーの旨味をプラス**

材料（4人分）

	春菊	2束（400g）
	オイルサーディン	70g
A	ごま油	大さじ2
A	ナンプラー	大さじ1
A	レモン汁	小さじ2
A	オイスターソース	小さじ1
A	粗挽き黒こしょう	少々

1 鍋にたっぷりのお湯を沸かし、塩少々（分量外）を入れ、春菊を1分ほどゆでて水気をしっかりときって、3cm幅に切る。オイルサーディンはフォークで粗めにほぐす。ボウルにAを入れて混ぜる。

2 ボウルにすべての材料を入れて、混ぜ合わせる。

オイルサーディンは粗めにほぐすことで食感が残って美味しくいただけます。濃い目がお好きな方は、オイスターソースで味を調整してください。

インゲンの台湾風甘辛和え

10min　冷蔵庫で 4~5日間

五香粉を使って
台湾の現地料理の味をイメージ

材料（つくりやすい量）

インゲン	200g
メンマ	20g
白ねぎ	30g
A オイスターソース	大さじ1
A ごま油	大さじ1
A きび砂糖（上白糖でも可）	小さじ1
A 豆板醤	小さじ1/2
A 五香粉	小さじ1/4

1 インゲンはヘタを落とし、3cm幅に切ってたっぷりのお湯に塩少々（分量外）を入れ、2分ほどゆでてザルにあげる。メンマ、ねぎはみじん切りにする。

2 ボウルでAを混ぜ合わせ、1を入れて和える。

保存中に五香粉の香りが弱くなったら、少しずつ足して調整してください。

オクラとにらの韓国風マリネ

10min　冷蔵庫で3〜4日間

**韓国のりを合わせることで
口の中に旨味が広がる**

材料（つくりやすい量）

オクラ	10本
にら	1束（100g）
韓国のり	8枚
A ごま油	大さじ2
A しょうゆ	大さじ1
A 三温糖	小さじ2
A みそ	小さじ2
A コチュジャン	小さじ2

1 オクラはヘタとガクを切り、塩少々（分量外）をふりかけ、板ずりをしてサッと水洗いする。熱湯で2分ほどゆで、ザルにあげて水気をきる。にらは4cm幅に切り、熱湯で30秒ほどゆで、ザルにあげて水気をしっかりきる。韓国のりは手で食べやすいサイズにちぎる。

2 ボウルでAを混ぜ合わせ、1を入れて混ぜる。

にらの水気をしっかりときることが長期保存のポイントです。

オクラのピーナッツ和え

**ピーナッツバターとチリパウダーの
コンビネーションが絶妙**

材料（つくりやすい量）

	材料	分量
	オクラ	15本
	ピーナッツ	大さじ2
	しょうが	1片（6g）
A	ピーナッツバター	大さじ2
A	すりごま（白）	大さじ1
A	ナンプラー	小さじ2
A	チリパウダー	小さじ2

1 オクラはヘタとガクを切り、塩少々（分量外）をふりかけ、板ずりをしてサッと水洗いする。熱湯で2分ほどゆで、ザルにあげて水気をきり、縦半分に切る。ピーナッツは粗く砕く。しょうがはみじん切りにする。

2 ボウルでAをしっかりと混ぜ合わせ、1を入れて混ぜる。

辛さの強弱はチリパウダーで調整してください。

クレソン白ごまナムル

10min 冷蔵庫で4~5日間

**クレソンの風味にごまを合わせることで
さっぱりとした味わいに**

材料（４人分）

	クレソン	４束
A	すりごま（白）	大さじ３
A	ごま油	大さじ１
A	しょうゆ	小さじ２
A	塩	少々

1 鍋にお湯を沸かし、塩少々（分量外）入れ、１分～１分半クレソンをゆでて、ザルにあげて粗熱をとり、水気をしっかりきり、3cm幅に切る。

2 ボウルに1とAを入れて、よく混ぜる。

ほうれん草のコチュジャン和え

10min　冷蔵庫で 5~6日間

黒ごまとコチュジャンが
味の大きな決め手

材料（つくりやすい量）

ほうれん草	２束（300g）
A すりごま（黒）	大さじ３
A しょうゆ	大さじ２
A ごま油	大さじ１と１/２
A みりん	大さじ１
A コチュジャン	小さじ２

1　鍋にたっぷりのお湯を沸かし、塩少々（分量外）を入れて２分ほどほうれん草をゆでて、水気をしっかりときり、４cm幅に切る。

2　ボウルでAを混ぜ合わせ、1を入れて和える。

つくりおき Memo

保存中に水気が多くなったら、水分を捨てしょうゆとごま油で味を調整してください。いりごま（黒）でも美味しくいただけます。

エスニック風だし

**パクチーとナンプラーで
山形郷土料理の「だし」をアレンジ**

20min　冷蔵庫で4〜5日間

材料（つくりやすい量）

きゅうり	2本（200g）
なす	1本（80g）
パクチー	2株
オクラ	3本
みょうが	2本
しょうが	2片（12g）
納豆昆布（刻み昆布でも可）	15g
A めんつゆ（3倍濃縮）	大さじ4
A ナンプラー	大さじ1
A 上白糖	小さじ1

1 きゅうり、なすは5mm角に切る。なすは水に5分ほどさらし、水気をきる。パクチーは5mm幅に切る。オクラはヘタとガクを切り、塩少々（分量外）をふりかけ、板ずりをしてサッと水洗いする。熱湯で2分ほどゆで、ザルにあげて水気をきり、粗めのみじん切りにする。みょうが、しょうがはみじん切りにする。納豆昆布ははさみなどで細かく切る。

2 ボウルに1、Aを入れて、混ぜ合わせる。

塩気が足りない場合はナンプラーで調整してください。粘りが強い納豆昆布を入れることで、トロトロの食感が楽しめます。

きゅうりの梅肉ナンプラー

**梅肉にナンプラーをあわせて
夏にぴったりのつくりおき**

10min　冷蔵庫で4〜5日間

材料（つくりやすい量）

きゅうり	4本（400g）
梅干し	3個
A ナンプラー	大さじ2
A 上白糖	小さじ1

1 きゅうりはヘタを切り、まな板の上に置き、きゅうりを回転させながらすりこぎ棒などで5回ほどたたき、さらに食べやすいサイズに切る。梅干しはタネを取りのぞき、実をみじん切りにする。

2 ビニール袋に1、Aを入れて揉み込む。

つくりおき Memo

保存中に塩分が薄くなってきた場合は、ナンプラーで調整してください。

アスパラのアンチョビナッツ炒め

10min　冷蔵庫で4〜5日間

**ピーナッツの食感と
濃厚アンチョビソースがポイント**

材料（4人分）

アスパラガス	8本
A アンチョビ	4枚
A にんにく	2片（12g）
ピーナッツ	大さじ2
ナンプラー	小さじ1
オリーブオイル	大さじ2

1 アスパラガスは根元を切り落とし、3cm幅に切る。アンチョビ、にんにくはみじん切りにする。ピーナッツは粗めに砕く。

2 フライパンにオリーブオイルをひき、弱火でAを炒め、にんにくの香りがたってきたら、アスパラガスとピーナッツを2〜3分炒め、最後にナンプラーで味をととのえる。

濃いめの味付けなので、ごはんのお供やおつまみに向いています。ピーナッツはフライパンで煎ってから砕くと香ばしさがプラスされ、さらに美味しくいただけます。

冷やしプチトマトマリネ

漬け込み時間を除く 10min
冷蔵庫で 5~6日間

トマトの旨味にナンプラーのコクをプラス
よく冷やしてどうぞ

材料（つくりやすい量）

プチトマト	14個
A ナンプラー	大さじ1
A レモン汁	小さじ2
A きび砂糖	小さじ1

1 プチトマトはヘタを取り、爪楊枝などで1カ所穴をあける。沸騰したお湯に5秒ほど入れ、氷水に取り出し、皮をむき水気をきる。

2 チャック付き保存袋に、1とAを入れて1時間ほど冷蔵庫で味をなじませる。

時間があれば1日漬け込んでも。カラフルトマトを使用すると色合いがきれいで◎

枝豆の山椒和え

**意外な組み合わせから生まれた
おつまみ系つくりおきの傑作**

材料（つくりやすい量）

枝豆	200g
A ナンプラー	小さじ2
A しょうゆ	小さじ1
A 粉山椒	小さじ1/2
A かつお節	2g
A ごま油	大さじ1

1 鍋にお湯を沸かし、塩少々（分量外）入れ、枝豆を4～5分ゆで、ザルにあげて、実をさやから出す。

2 ボウルに1とAを入れて、混ぜる。

山椒は粒をミルなどで挽いて使用すると、さらに香り高く美味しくいただけます。

長ねぎの豆豉(トウチ)和え

**中華料理で使われる豆豉を使って
コクある旨さに**

材料（つくりやすい量）

長ねぎ	２本
A 豆豉	10粒
A にんにく	１片（６g）
A 酢	大さじ２
A ごま油	大さじ２
A オイスターソース	小さじ２
A しょうゆ	小さじ１

1 長ねぎは5cm幅に切り、グリルなどで表面にしっかりと焼き目がつくまで焼く。にんにくはみじん切りにする。

2 鍋にAを入れて、弱火でひと煮立ちさせる。

3 2が温かいまま保存容器に入れて、1の長ねぎを合わせる。

ねぎがクタクタになり味が染み込むと、さらに違う味わいが楽しめます。

トムヤムもやし

10min　冷蔵庫で 2〜3日間

**トムヤムの味付けで箸が止まらない
おつまみ系もやし**

材料（4人分）

	もやし	400g
A	トムヤムクンペースト	大さじ1
A	レモン汁	大さじ1
A	ごま油	大さじ1
A	ナンプラー	小さじ2
A	鶏がらスープの素（顆粒）	小さじ1/2

1　鍋にたっぷりのお湯を沸かし、塩少々（分量外）を入れてもやしを1〜2分ゆで、ザルにあげて、水気をきる。

2　ボウルでAを混ぜ、さらに1を入れて混ぜ合わせる。

ししとうの和風ナンプラー漬け

10min　冷蔵庫で 2~3日間

ナンプラーとかつお節
魚の旨味をししとうで味わう一品

材料（つくりやすい量）

	ししとう	30本
A	ナンプラー	大さじ3
A	みりん	大さじ2
A	酢	小さじ2
A	きび砂糖（上白糖でも可）	小さじ1
	かつお節	2g
	ごま油	大さじ1

1　ししとうは軸を切り、表面を竹串などで数カ所穴をあける。

2　フライパンにごま油をひき、ししとうに焼き目がつくまで中火で炒める。

3　ししとうをボウルに取り出し、同じフライパンでAを一煮立ちさせ、ボウルでししとうと合わせ、かつお節を入れて混ぜる。

つくりおきMemo

ししとうは焼いている最中に破裂する可能性があるので、必ず竹串などで空気穴をあけましょう。

ヤムヘッド

辛さが口いっぱいに広がる
スパイシーきのこサラダ

材料（４人分）

しめじ	100g
エリンギ	100g
まいたけ	100g
しいたけ	４個
ナンプラー	大さじ２
レモン汁	大さじ２
きび砂糖（上白糖でも可）	大さじ１
にんにく	２片（12g）
赤とうがらし	２本

1 しめじは石づきを切り落とし、小房に分ける。エリンギは横半分に切り、縦に２mm幅に切る。まいたけは食べやすいよう手で裂く。しいたけは軸を切り、１mm幅に薄切りにする。にんにくはみじん切りにする。赤とうがらしはタネを取りのぞいて輪切りにする。

2 鍋にたっぷりのお湯を沸かし、きのこをすべて入れて２分ほどゆでたらザルにあげ、水気をきる。

3 温かいうちにボウルに２とAを入れて混ぜる。

にんにくは極みじん切りにすると味がなじみやすくなります。

ゆずしょうがキムチ

**キムチとゆずの意外な出会いで
さっぱりとした味わいに**

材料（４人分）

キムチ	300g
しょうが	４片（24g）
白ねぎ	30g
ゆず皮	適量
ごま油	大さじ１

1 キムチは粗みじん切りにする。しょうが、ねぎはみじん切りにする。ゆず皮は千切りにする。

2 ボウルに1とごま油を入れて混ぜる。

つくりおき Memo

ゆずは千切りにすることで、保存しても香りと風味が残ります。皮の白い部分が入ると苦味の原因となるので注意しましょう。

Column 2

20歳になりたての頃。大人びた行為に憧れていたこともあり、「飲み会はタイ料理屋でするのがかっこいい」と勘違いしていました（笑）。はじめて食べた、ガパオやトムヤムクン。魚醤の豊かな風味と、とびっきりの辛さ、酸味。これが大人の味かと、高揚感に包まれた記憶があります。
そこで出会ったのがパクチーでした。友人に勧められて食べてみたところ、「おいしい……」。今まで味わったことがない、爽快な味に衝撃を受けました。おおげさかもしれないけれど、感動に近い気持ちが湧きあがりました。世界にはこんな美味しい食べものがあるんだと。

それからというもの、すっかりパクチーの虜（とりこ）になり、飲食チェーンで店長をしていた頃は、アルバイトの冷たい目もお構いなしに、まかないでどっさりとパクチーを食べ、飲み屋でパクチーメニューを見つければ必ず頼み、気がつけば、どんな料理にもとりあえずパクチーをのせてみる、という探究心まで生まれていました。そんな異常すぎるパクチー愛が知れわたり、会社を退職する時はパクチーの花束で送別していただくまでに……。

会社員を辞めてすぐ、ベトナムにバックパックの旅に出ました。理由はエスニック料理とパクチーを、本場で密に感じたかったから。１カ月間も食べ歩いた結果、たくさんの新しい発見がありました。パクチーは添えるだけでなく、煮る、混ぜる、和えるなどいろいろな調理方法に向いているということ。そして、意外な食材と相性がいいことも。

旅から帰ってもパクチーに対する熱は冷めず、とうとうパクチー料理研究家として活動をはじめて、２年が経ちました。あの時の好きという気持ちが、今では職業になっているので、人生どうなるか分からないですね。今でもパクチーの可能性に夢膨らむ毎日です。
本書にもパクチーのページをつくりました。パクチー好きの方には、ぜひとも試してほしいレシピが満載です！

CHAPTER 05
Phak-chi
パクチーのおかず

CHAPTER 05 PHAK-CHI

パクチーのっけ弁当

パクチー好きにはたまらない、
どこを食べてもパクチーの風味が
感じられるつくりおき。肉と野菜、
様々なバリエーションを楽しめます。

107p
エスニック
鶏つくね

113p
ひじきと
パクチーの
ガーリック炒め

110p
ゴーヤと
パクチーのピクルス

112p
カブとパクチーの
アンチョビバター

106p
パクチー肉みそ

111p
揚げなすの
タイ風マリネ

パクチーポキ丼

このつくりおきさえあれば、
忙しいときにも簡単で豪華な料理が
あっという間に完成。
自分へのご褒美にどうぞ。

109p
マグロとパクチーの
レッドカレーポキ

パクチー肉みそ

肉みその中にパクチーの
味わいが広がる万能おかず

材料（4人分）

豚ひき肉	400g
パクチー（根・茎・葉）	2株
しいたけ	3個
しょうが	2片（12g）
A みりん	大さじ2
A みそ	大さじ2
A しょうゆ	大さじ1
A オイスターソース	大さじ1
A コチュジャン	大さじ1
ごま油	小さじ2

1 パクチーは根と茎・葉に分けておく。軸を切り落としたしいたけ、パクチー（根）、しょうがはみじん切りにする。パクチー（茎・葉）は2cm幅に切る。ボウルにAを混ぜておく。

2 フライパンにごま油をひき、弱火でしょうが、パクチー（根）を炒める。しょうがの香りがたってきたら、豚肉を入れ、半分ほど白くなるまで中火で炒める。

3 2にしいたけ、Aを入れ、ヘラなどでほぐしながら豚肉がそぼろ状になるまで炒め、火を止めてからパクチー（茎・葉）を混ぜる。

パクチーの香りは火に弱いので、火を止めてから混ぜてください。おにぎりや焼きそばの具にもどうぞ。

エスニック鶏つくね

**パクチーの美味しさが
つくねの中で輝く一品**

材料（４人分）

	鶏ひき肉	300g
	パクチー	３株
	こぶみかんの葉	６枚
	しょうが	１片（6g）
A	マヨネーズ	大さじ１
A	ナンプラー	大さじ１
B	みりん	大さじ３
B	しょうゆ	大さじ２
B	酒	大さじ２
B	上白糖	大さじ１
	ごま油	小さじ２

1 パクチーはみじん切りにする。こぶみかんの葉はバリバリと手で砕く。しょうがはすりおろす。

2 ボウルで1、鶏肉、Aを粘りが出るまで混ぜ合わせて、一口サイズの大きさに丸く成形する。

3 フライパンにごま油をひき、2を両面に焼き目がつくまで中火で焼き、水100ml（分量外）を入れて、４～５分蒸し焼きにする。

4 3にボウルなどで混ぜ合わせたBを入れて、弱中火で煮詰めて照りよく仕上げる。

煮詰めている時間が長いと、焦げてしまうので気をつける。濃厚タレなのでごはんと一緒に。

パクチーしいたけしゅうまい

30min　冷蔵庫で 4~5日間

パクチーとしいたけの旨味が広がるごちそうおかず

材料（つくりやすい量・16個分）

豚ひき肉	200g
しいたけ	12個
A パクチー（根・茎・葉）	2株
A 玉ねぎ	1/4個（50g）
A しょうが	1片（6g）
A オイスターソース	大さじ1
A ごま油	小さじ2
片栗粉	大さじ1

1 しいたけは軸を切り落とす。パクチー、玉ねぎ、しょうがはみじん切りにする。

2 ボウルに豚肉とAを入れ、粘りが出るまで混ぜて、片栗粉を入れてさらに混ぜ合わせる。

3 しいたけを裏側にし、2をスプーンなどで塗り、クッキングシートをしいた蒸し器かせいろに並べ、18～20分蒸す。

根、茎、葉のすべてを使うことで、パクチーの味わいをより感じていただけます。

マグロとパクチーのレッドカレーポキ

漬け込み時間を除く 10min　冷蔵庫で 2~3日間

マグロとレッドカレーペーストの意外な組み合わせがクセになる一品

材料（４人分）

マグロ（刺身用）	300g
パクチー（茎・葉）	２株
A しょうが	２片（12g）
A にんにく	１片（６g）
A ごま油	大さじ２
A しょうゆ	大さじ１
A レモン汁	大さじ１
A レッドカレーペースト	小さじ２
いりごま（白）	大さじ１

1 マグロは1.5cm角に切る。パクチー、にんにく、しょうがはみじん切りにする。ボウルにAを入れて混ぜ合わせる。

2 1のボウルにすべての材料を入れてよく混ぜ合わせ、チャック付き保存袋に移し、冷蔵庫で20分ほど漬け込む。

つくりおきMemo

ボウルでしっかりとレッドカレーペーストを溶かして混ぜてください。お好みでラー油を加えるとコクのある辛さが足されて美味しくいただけます。

ゴーヤとパクチーのピクルス

15min　冷蔵庫で 4〜5日間

暑い夏にぴったりの
やみつきあっさりピクルス

材料（つくりやすい量）

ゴーヤ	1本（200g）
パクチー（茎）	2株
みょうが	2個
しょうが	2片（12g）
酢	大さじ2
ごま油	大さじ1
しょうゆ	大さじ1
ナンプラー	大さじ1/2
昆布茶（粉末）	小さじ2

1 ゴーヤは縦半分に切り、タネとワタをスプーンなどで取りのぞき、2mm幅に切る。ボウルに塩小さじ1（分量外）を入れて揉み込み、水でサッと洗い、水気をきる。パクチー（茎）は2cm幅に切る。みょうが、しょうがは千切りにする。

2 ボウルにすべての材料を入れて混ぜ合わせる。

ナンプラーがない場合は、しょうゆで代用しても。昆布茶がなければ和風出汁（顆粒）でも代用可。

揚げなすのタイ風マリネ

**揚げなすにナンプラーのコクを
プラスした贅沢マリネ**

材料（4人分）

なす	5本（400g）
パクチー	1株
A ナンプラー	大さじ2
A レモン汁	大さじ1
A 上白糖	大さじ1
A オイスターソース	小さじ2
A にんにく	1片（6g）
サラダ油	適量

1 なすはヘタを切り、1.5cm幅に切る。パクチー、にんにくはみじん切りにする。

2 フライパンにサラダ油を2cmの深さに入れ180℃に温める。なすを中火で2～3分揚げ、キッチンペーパーをしいたバットにあげて余分な油をきる。

3 ボウルにAを混ぜ合わせ、2とパクチーを入れて混ぜる。

ごま油を小さじ2ほど加えると、より香ばしくなります。

カブとパクチーのアンチョビバター

15min　冷蔵庫で 4～5日間

**パクチーとアンチョビをまとった
カブは食べ応えあり**

材料（4人分）

カブ	4個
パクチー	1株
アンチョビ	5枚
バター	20g
A オイスターソース	小さじ2
A ナンプラー	小さじ2
粗挽き黒こしょう	少々

1 カブは葉を切り、皮をむき、縦6等分に切る。パクチーはみじん切りにする。

2 フライパンにバターをひき、弱火でアンチョビをヘラなどでつぶしながら、1分ほど炒める。

3 ボウルに1、2、Aを入れて混ぜ、黒こしょうで味をととのえる。

濃厚な味付けが好きな場合は、さらにアンチョビを足しても。カブは保存中に水分が多く出てくるので、こまめに捨てましょう。

ひじきとパクチーのガーリック炒め

15min　冷蔵庫で 5〜6日間

パクチーの根っこの独特の風味が
ひじきと相性バツグン

材料（つくりやすい量）

ひじき（乾燥）	20g
パクチー（茎・根）	8株分
にんにく	2片（12g）
赤とうがらし	2本
しょうゆ	小さじ2
オリーブオイル	大さじ4

1 ひじきは水に10分ほど漬けて戻し、水気をきる。にんにくは縦半分に切り、芽を取り薄く切る。赤とうがらしはタネを取りのぞき、輪切りにする。パクチーは3cm幅に切る。

2 フライパンにオリーブオイルをひき、弱火でにんにく、パクチーを炒め、にんにくの香りがたってきたら、ひじき、赤とうがらしを入れて中火で炒める。

3 2をしょうゆで味付けして、汁気がなくなるまで炒める。

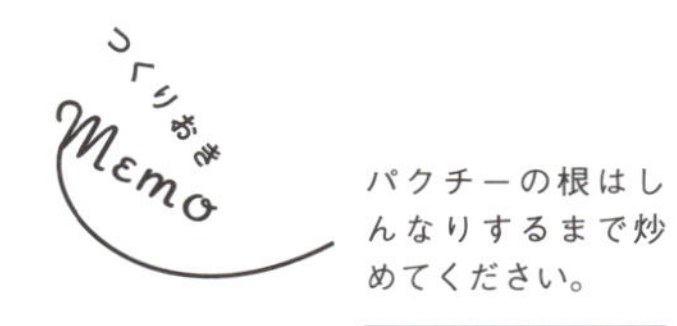

パクチーの根はしんなりするまで炒めてください。

パクチーと豆の オリエンタルサラダ

タコやイカなど魚介系を入れても美味しい チリパウダーの味わいがクセになるサラダ

10min　冷蔵庫で 4~5日間

材料（４人分）

ミックスビーンズ（缶）	200g
パクチー	３株
きゅうり	１本（100g）
紫玉ねぎ	１／２個（100g）
ライム汁	大さじ３
オリーブオイル	大さじ２
チリパウダー	大さじ１
ナンプラー	小さじ２
粗挽き黒こしょう	少々

1 パクチーは1cm幅に切る。きゅうりは5mm角に切る。紫玉ねぎはみじん切りにして水で２分ほどさらし、水気をきる。

2 ボウルにすべての材料を入れて、混ぜ合わせる。

マスカットとパクチーの カプレーゼ

チーズと一緒にワインのお供に フルーツ系つくりおき

10min　冷蔵庫で 2~3日間

材料（つくりやすい量）

マスカット	15粒
プチトマト（緑）（赤でも可）	６個
パクチー（茎・葉）	２株
モッツァレラチーズ（丸型）	８個
オリーブオイル	大さじ２
レモン汁	大さじ２
はちみつ	大さじ１
塩	少々
粗挽き黒こしょう	少々

1 マスカット、プチトマトは横半分に切る。パクチーは２cm幅に切る。

2 ボウルにすべての材料を入れて、混ぜ合わせる。

マスカットはタネなしで、皮が食べられるものを使用してください。

いちごとパクチーのバルサミコマリネ

10min　冷蔵庫で2〜3日間

バルサミコ酢の甘酢っぱい味わいで
サングリアや梅酒のお供に

材料（つくりやすい量）

いちご	10粒
プチトマト	5個
パクチー（茎）	4株
バルサミコ酢	大さじ3
オリーブオイル	大さじ2
はちみつ	小さじ2
しょうゆ	小さじ1
塩	少々
粗挽き黒こしょう	少々

1 いちごはヘタを取り、縦半分に切る。プチトマトはヘタをとり、横半分に切る。パクチーは1cm幅に切る。

2 ボウルにすべての材料を入れて、混ぜ合わせる。

つくりおきMemo

保存期間中に味が薄くなってきたら、しょうゆ少々を足すことで最後まで美味しくいただけます。食べる際にパクチーの葉を追加しても。

CHAPTER 06

Egg

たまごのおかず

プーパッポンカリー風オムレツ

30min　冷蔵庫で 3〜4日間

チリインオイルを使った
辛さが心地よいタイ風オムレツ

材料（つくりやすい量）

	カニ（缶）	100g
	玉ねぎ	1/2個（100g）
A	たまご	4個
A	牛乳	100ml
A	カレー粉	大さじ1
A	オイスターソース	大さじ1
A	ナンプラー	大さじ1
A	チリインオイル	小さじ2
A	上白糖	小さじ2

1 カニ（缶）は汁気をきる。玉ねぎはみじん切りにする。

2 ボウルに1、Aを入れて、よく混ぜ合わせる。

3 2を耐熱容器に移し、200℃に予熱したオーブンで20〜25分焼く。

つくりおきMemo

チリインオイルとは、干しエビやとうがらしなどの香辛料、香味野菜をオイルで加熱してペースト状にした調味料です。トムヤムクンなどをつくるときに欠かせない調味料で、ナンプリックパオとも呼ばれています。

ベトナム風たまごそぼろ

10min　冷蔵庫で 4〜5日間

定番のたまごそぼろを
少しクセある味わいに

材料（4人分）

A	たまご	4個
A	ヌクマム（ナンプラーでも可）	大さじ1
A	きび砂糖	大さじ1
A	みりん	小さじ2
	サラダ油	小さじ1

1 Aをボウルに入れて混ぜる。

2 フライパンにサラダ油をひき、キッチンペーパーで伸ばし、余計な油はふきとり、中火でAをそぼろ状に炒める。

菜箸を4本使って調理すると、細かいそぼろになります。火が入りすぎるとかたくなるので注意してください。

うずらのたまごの八角漬け

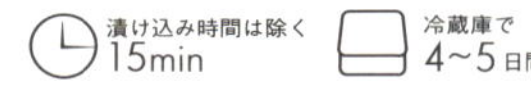

**八角の風味が濃厚に染み込んだ
うずらの味玉**

材料（15個分）

	うずらのたまご	15個
A	しょうゆ	50ml
A	紹興酒（酒でも可）	50ml
A	みりん	50ml
A	水	100ml
A	オイスターソース	大さじ2
A	八角	1個

1 鍋にたっぷりのお湯を沸かし、塩小さじ1（分量外）を入れて、たまごを2分半ほどゆで、氷水で5分ほど冷やしてから殻をむく。

2 小鍋にAを入れて、一度沸騰させて火を止める。

3 保存容器にたまご、熱い状態の2を入れ、人肌程度に冷めたら冷蔵庫に入れて半日ほど漬ける。

濃い汁で漬け込んでいるので、ごはんや弁当のおかずにぴったりです。

ナンプラー半熟たまご

漬け込み時間は除く 15min　冷蔵庫で 3~4日間

ほのかにナンプラー香る
絶品半熟たまご

材料（6個分）

	たまご	6個
A	ナンプラー	大さじ2
A	みりん	大さじ1と1/2
A	オイスターソース	大さじ1
A	水	200ml

1 たまごは常温に戻す。たっぷりのお湯を沸かし、塩小さじ1（分量外）を入れて、たまごを6分半〜7分火にかけ、ボウルにはった氷水で5分ほど冷やしてから殻をむく。

2 小鍋にAを入れて、一度沸騰させてから火を止める。

3 保存容器にたまご、熱い状態の2を入れ、人肌程度に冷めたら冷蔵庫に入れて半日ほど漬ける。

つくりおき Memo

ナンプラーの風味が好きな方はお好みで追加してください。入れすぎるとしょっぱくなるので注意。

カレーたまごマリネ

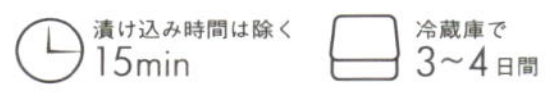

**パーティシーンにもぴったりの
黄色く染まった色鮮やかなたまご**

材料（6個分）

	たまご	6個
A	カレー粉	大さじ1
A	クミンパウダー	小さじ1
A	酢	大さじ4
A	きび砂糖（上白糖でも可）	大さじ3
A	塩	小さじ1
A	水	200ml

1 たまごは常温に戻し、2ℓほどのお湯を沸かし、塩小さじ1（分量外）を入れて、たまごを6分半〜7分火にかけ、ボウルにはった氷水で5分ほど冷やしてから殻をむく。

2 小鍋にAを入れて、一度沸騰させ、ヘラなどでよく混ぜて、火を止める。

3 保存容器にたまご、熱い状態の2を入れ、人肌程度に冷めたら冷蔵庫に入れて1日ほど漬ける。

漬け込みの時間が経つにつれ黄色に染まり、カレーの風味が増します。2日目が一番の食べ頃です。

CHAPTER 07
Sauce & Dip
ソース＆ディップ

ナンプラーサルサソース

**ナンプラーの旨味が際立つ辛味ソース
タコスに使っても**

10min　冷蔵庫で4~5日間

材料（つくりやすい量）

トマト	1個（100g）
玉ねぎ	1/4個（50g）
赤パプリカ	1/3個（50g）
A オリーブオイル	大さじ2
A ケチャップ	大さじ2
A タバスコ	大さじ1
A ナンプラー	大さじ1
A レモン汁	小さじ2

1 トマトは2mm角に切る。玉ねぎ、赤パプリカはみじん切りにする。

2 ボウルに1、Aを入れて、よく混ぜる。

ピーナッツソース

**酸味のきいた濃厚ピーナッツ味
グリルチキンにもぴったり**

5min　冷蔵庫で7~8日間

材料（つくりやすい量）

ピーナッツバター	大さじ3
しょうゆ	大さじ2
酢	大さじ2
ごま油	小さじ2
きび砂糖	小さじ1
水	大さじ1

1 ボウルにすべての材料を入れて、よく混ぜる。

すりごまコチュジャンソース

ごまが香る甘辛韓国風ダレ
焼肉にもどうぞ

5min 冷蔵庫で 5~6日間

材料（つくりやすい量）

コチュジャン	大さじ2
すりごま(白)	大さじ2
みそ	大さじ1
ごま油	大さじ1
酢	大さじ1
上白糖	小さじ2
しょうゆ	小さじ2

1 ボウルにすべての材料を入れて、よく混ぜる。

パクチー薬味ソース

パクチーとねぎのやみつきソース
冷奴やぎょうざにかけて

5min 冷蔵庫で 2~3週間

材料（つくりやすい量）

パクチー	4株
長ねぎ	150g
しょうが	70g
にんにく	30g
しょうゆ	200ml
ごま油	大さじ4
赤とうがらし(粉)	大さじ1

1 パクチー、ねぎはみじん切りにする。しょうが、にんにくはすりおろす。

2 ボウルにすべての材料を入れて、よく混ぜ合わせる。

ねぎは青と白い部分、どちらも使います。

スパイシータルタル

**クミンがアクセントのクセになるタルタル
サンドイッチにも**

20min　冷蔵庫で 2〜3日間

材料（つくりやすい量）

ゆでたまご	５個
バター	10g
クミンシード	小さじ１
マヨネーズ	大さじ４

1 ゆでたまごの白身はみじん切りにして、卵黄はフォークなどでつぶす。

2 フライパンにバターを入れて弱火で溶かし、クミンシードを入れ、クミンの粒のまわりがフツフツ泡立ち、香りがたってきたら火を止める。

3 ボウルにマヨネーズ、1、2を入れて、よく混ぜる。

レモングラスみそ

**レモングラスの風味が広がる万能みそ
野菜ディップに**

10min　冷蔵庫で 3〜4週間

材料（つくりやすい量）

レモングラス	３本
みそ	100g
みりん	大さじ３

1 レモングラスは硬い皮を２枚ほどはがし、みじん切りにする。

2 ボウルにすべての材料を入れて、よく混ぜる。

ツナディルクリーム

ディルの爽快感で
濃厚ソースもあっさりライトに

5min　冷蔵庫で 3〜4日間

材料（つくりやすい量）

ツナ(缶)	１缶(70g)
ディル(葉)	5g
クリームチーズ	100g
粗挽き黒こしょう	少々

1 ツナ(缶)は余分な油をきる。ディルはみじん切りにする。クリームチーズは常温に戻す。

2 ボウルに1を入れてよく混ぜ、黒こしょうで味をととのえる。

サモサ風コンビーフポテト

スパイスの風味とコンビーフの
ぜいたくなディップソース

15min　冷蔵庫で 4〜5日間

材料（つくりやすい量）

	コンビーフ	１缶(100g)
	じゃがいも	２個(200g)
	酢	小さじ２
A	マヨネーズ	大さじ２
A	カレー粉	小さじ１
A	ガラムマサラ（なくても可）	小さじ１/２
A	クミンパウダー	小さじ１/２

1 ボウルにコンビーフを入れてほぐす。

2 鍋にたっぷりのお湯を沸かし、塩少々（分量外）を入れて皮をむいたじゃがいもをゆでる。竹串がスッと通ったら、ゆで汁を捨ててザルにあげる。じゃがいもはふたたび鍋に戻し、中火にかけて粉ふきいも状態になったら火を止め、全体に酢をかける。

3 じゃがいもは温かいうちにヘラでつぶし、粗熱がとれたら、ボウルに入れてと1、Aと一緒に混ぜる。

エダジュン

パクチー料理研究家・管理栄養士。1984年東京生まれ。管理栄養士資格取得後、株式会社スマイルズ入社。SoupStockTokyoの本社業務に携わり、2013年に独立。家で作れるエスニック料理とパクチーを使ったレシピを日々研究中。テレビ・雑誌・WEB媒体でレシピ紹介、コラム掲載、メーカーの商品開発や飲食店のメニュー開発などを行う。"パクチーボーイ"名義でも活動中。著書に『クセになる! パクチーレシピブック』『毎日食べたい! お粥ごはん』『鍋の素〜極旨・鍋スープの作り方　バリエーションは無限大!』(PARCO出版)など。https://www.instagram.com/edajun/

エスニックつくりおき

2017年　3月7日　第1刷
2021年　5月25日　第3刷

著者　エダジュン
アートディレクション&デザイン　山本知香子
デザイン　小林幸乃　おのみさ（山本デザイン）
写真　佐藤 朗
スタイリング　小坂 桂
編集　キンマサタカ（パンダ舎）
調理アシスタント　磯村優貴恵　関沢愛美
小物協力　UTUWA

発行人　川瀬 賢二
編集　熊谷由香理
発行所　株式会社パルコ　エンタテインメント事業部
〒150-0042　東京都渋谷区宇田川町15-1
電話 03-3477-5755

印刷・製本　図書印刷株式会社

Printed in Japan

ISBN978-4-86506-212-0
C2077

落丁本・乱丁本は購入書店をご明記の上、小社編集部あてにお送りください。
送料小社負担にてお取り替えいたします。
〒150-0045　東京都渋谷区神泉町8-16　渋谷ファーストプレイス　パルコ出版　編集部